SELBST
ACHTSAMKEIT

by

Jennifer Weidmann

Soul-To-Go

Band 2

SEELEN ENTWICKLUNGSFELD

SELBST ACHTSAMKEIT

SOUL-TO-GO
EDITION
BAND 3

IMPRESSUM

Jennifer Weidmann
Winderatt 4
24966 Sörup
Deutschland
jennifer@urvertrauen.de

BILDNACHWEIS

sämtliche Bilder und Fotos wurden
freundlicherweise gemeinfrei von den
Bilderplattformen pixabay und canva zur
Verfügung gestellt

ERSTVERÖFFENTLICHUNG

Januar 2021

HINWEIS

Achtung: die Arbeit mit diesem Buch
ersetzt keine Behandlung beim Arzt oder
ausgebildeten Psychotherapeuten. Alle
Übungen übernimmt der Kursteilnehmer
auf eigene Verantwortung. Es wird keine
Haftung übernommen

WWW. URVERTRAUEN-AKADEMIE.DE

Dein Reich für Seelen-Entwicklung und Seelen-
Entfaltung

SOUL-TO-GO

SELBST ACHTSAMKEIT

SEELEN-ARBEITSBUCH

LEKTORAT

Gabriele Röben

COVER DESIGN

Oliver Weidmann

LOGO SOUL-TO-GO DESIGN

Stevan Zivkovic

HERSTELLUNG UND VERLAG

BoD - Books on Demand, Norderstedt

BIBLIOGRAFISCHE INFORMATIONEN DER DEUTSCHEN NATIONALBIBLIOTHEK

Die Deutsche Nationalbibliothek verzeichnet diese Publikation in der Deutschen Nationalbibliografie; detaillierte bibliografische Daten sind im Internet über http://dnb.dnb.de abrufbar.

ISBN

9783752898262

URVERTRAUEN-AKADEMIE

Dein Reich für Seelen-Entwicklung und Seelen-Entfaltung
www.urvertrauen-akademie.de

FüR

CREATIVE ART PAGE

WILLKOMMEN

zu meiner Soulworkbook-Reihe
"Soul-to-go".

Ich habe die Reihe "Soul-to-go" geschaffen, um einzelne
Seelenthemen so kompakt und bereichernd, wie möglich für
dich darzustellen.
Es ist ein Seelen-Arbeits- und Erfahrungsbuch.
Ein wertvoller Begleiter voller Inspirationen und Impulse für
dich, dein Leben, deinen Lebensweg und deine Schöpfung
der Realität.
Mögen diese Büchlein für dich segensreich sein.
Ich wünsche dir von Herzen ein großartiges und erfülltes
Leben.
Am Ende dieses Buches stelle ich dir das passende Seelen
Spray zum Themengebiet vor. Vielleicht hast du ja Lust es dir
als Begleiter für dieses Seelenbuch zu gönnen.
Des Weiteren erweitern wir die Reihe "Soul-to-go" ständig.
Mehr Infos über diese außergewöhnliche Seelen-Reihe
erhältst du auf der Webseite
www.urvertrauen.de

Alles Liebe, deine

JENNIFER WEIDMANN
Seelen-Begleiterin

DAS BUCH

Dieses Buch ist mehr als nur ein reines Lesebuch. Ich lade dich ein es dir zu Eigen zu machen. Schreib rein, gestalte die "creative art pages" nach deinen künstlerischen Impulsen. Male, bastel, schreibe ein Gedicht oder eine Geschichte hinein. Es gibt viele Möglichkeiten deiner Seele Raum des Ausdruckes zu verschaffen. Probiere dich aus.

DEIN SEIN

In den Soul-to-go Büchern bist du eingeladen, dich auf die Reise zu dir selbst zu begeben. Erlaube dir dafür Raum und Zeit. Tauche ein in deine ureigene Seelenweisheit. Es gibt dort viel zu entdecken

DANKE

Ich danke dir, dass du dich auf den Weg der Seelen-Entfaltung machst. Möge dein Licht hell erstrahlen und die Welt wandeln.

BEI FRAGEN

KONTAKTIERE MICH
jennifer@urvertrauen.de

HERZLICH WILLKOMMEN ZU DEN SEELEN ENTWICKLUNGSFELDERN

Wir treten nun ein in einen Bereich, der uns je tiefer wir darin einsteigen, aufzeigt, wie sehr wir Menschen uns doch alle ähnlich sind. Wie sehr wir uns doch alle gleichen.

Jeder Mensch setzt sich im Durchlauf seines Lebens ständig und kontinuierlich mit den Seelenentwicklungsfeldern auseinander. Bewusst oder Unbewusst. Diesen Entwicklungsfeldern kann keiner entkommen, sozusagen. Sie sind da und wir laufen auf dem Weg der Seelenspirale nur „nach oben" in dem wir jedes einzelne Seelenentwicklungsfeld ergreifen und transformieren, weiter und weiter.

Alle Seelenentwicklungsfelder laufen parallel bzw. zeitgleich ab. Mal tritt ein Entwicklungsfeld mehr in den Vordergrund, während ein anderes vielleicht fast vollständig unwichtig wird, um sich dann ganz plötzlich zu zeigen und Aufmerksamkeit einzufordern.

Wir werden uns jedes der zwölf Entwicklungsfelder einzeln in einem Soul-To-Go Buch anschauen. Aber wie du höchstwahrscheinlich schnell erkennen wirst, steht kein Entwicklungsfeld für sich alleine. Sie spielen alle zusammen, gehen Hand in Hand. Der Aufstieg in einem Feld erfordert die Erhebung eines anderen Felds.

Es ist ein fantastischer Tanz der Entwicklung, des sich gegenseitig Emporhebens, Bereicherns, Unterstützens oder auch Zerstörens, je nachdem, welche Bewusstseinsstufe gerade von uns eingeschaltet wird.

Es gibt, wie immer, hier kein Besser, Höher, Toller usw. Es kann gut sein, dass jemand schon unglaublich bewusst und von einer hohen Ebene aus agierend, das Seelenfeld „Selbst-Bewusstsein" ergriffen hat, hingegen jedoch im Feld „Selbst-Achtsamkeit" ständig seine eigenen und die Grenzen der anderen überschreitet.

So können wir von diesem Menschen sehr viel lernen im Bereich „Selbst-Bewusstsein" und ihm vielleicht zeigen, was „Selbst-Achtsamkeit" bedeutet.

So kommen wir auch zusammen in unseren Beziehungen, Freundschaften, mit Arbeitskollegen usw.

Im Wahrnehmen des anderen können wir viel über uns selbst und den Stand unserer Seelenentwicklungsfelder lernen. Wir tanzen eben viele Tänze: den mit uns und unserem Stand der Seelenentwicklungsfelder alleine und dann aber auch den Tanz mit den anderen Menschen und ihrem Seelenentwicklungsstand zusammen.

Erinnerst du dich an das Kosmische Gesetz des Ausgleichs? Dieses Gesetz hat sehr viele Facetten, wie du vielleicht schon erahnen konntest. Eine Facette ist, dass die Seele versucht, sich im Zusammentreffen mit anderen Seelen auszugleichen. Das geht –bedauerlicherweise- in beide Richtungen. Nehmen wir z.B. an, dass dein Selbst-Wert und deine Selbst-Liebe noch Entwicklungsbedarf haben, dann kann es gut sein, dass du dich einfach nicht traust, zu dir und deinen Idealen zu stehen und Dinge tust, die eigentlich nicht deinem Seelenbewusstsein entsprechen, einfach weil du geliebt werden möchtest. Du möchtest dazugehören und passt dein Verhalten an die Menschen an, denen du gefallen möchtest. So kann es passieren, dass du energetisch die Seelenspirale nach unten wanderst, um mit deiner Umgebung gleich zu schwingen.

Häufig ist dies ein unbewusster Schritt nach unten. Anzeichen für so ein Verhalten könnten sein: sich nicht gut fühlen, ein schlechtes Gewissen haben, psychosomatische Krankheiten, Müdigkeit und Abgeschlagenheit usw. Doch je bewusster du wirst, je weiter du die Entwicklungsfelder auf der Seelenspirale nach oben bringst, desto weniger wirst du nach unten gehen. Du wirst Menschen und Situationen in dein Leben holen, die zu deiner Schwingung passen bzw. die höher schwingen und dich inspirieren, selbst auch weiter hochzusteigen.

So ist unser Entwicklungsweg. Wir lernen von uns selbst und voneinander.

Nur als Anmerkung am Rande: Dies sind übrigens auch immer die Knackpunkte in einer partnerschaftlichen oder freundschaftlichen Beziehung. Wenn der eine etwas erkannt hat und ein Stückchen die Entwicklungsspirale emporsteigt, während der andere noch im alten Status Quo festhängt. Was passiert dann häufig? Derjenige, der nach oben stürmt, empfindet seinen Partner plötzlich als Ballast und mit seiner niedrigschwingenden Energie als Bremse für den eigenen Weg. ABER: Zu einer guten Beziehung gehört auch, dass man dem anderen die Zeit und die Gelegenheit gibt, sich an die neue Schwingung zu gewöhnen und sich selbst auch dorthin einzuschwingen. Sollte das nicht passieren, dann kann es sein, dass die Zeit gekommen ist, dass man getrennte Wege geht. Aber dann bewusst und aus dem Frieden heraus.

Ich habe in meiner Seelenberatung schon dermaßen oft erlebt, dass Menschen, sobald sie ein Stückchen die Seelenspirale hinaufgestürmt sind, alle Brücken hinter sich abreißen. Aus Euphorie und dem Gefühl „jetzt die große Erkenntnis" erlangt zu haben. Hier ist wirklich Vorsicht geboten. Denn die Realität kommt schneller als man gucken kann und Brücken, die einmal eingerissen wurden, lassen sich nicht so schnell wieder aufbauen.

Darum mein Tipp: Wichtige weitreichende Entscheidungen: immer treffen, wenn du aus dem Gefühl des Friedens handeln kannst, nicht aus Euphorie, nicht aus Angst, nicht aus „Tschaka mir gehört die Welt". Diese Gefühle haben alle ihre Berechtigung und es ist toll, Euphorie und Tschaka zu fühlen. Aber Trennungen von gemeinsamen Wegen, gleich welcher Art, versuch aus dem Gefühl des Friedens heraus zu fällen.

Wir tauchen nun gemeinsam ein in das große Lernfeld der Seelenentwicklungsfelder. Jedes einzelne Seelenentwicklungsfeld ist so dermaßen vielschichtig, dass ich es nur „anreißen" kann. Ich öffne dir eine Tür zu jedem Feld. Das weite Land, welches dahinter liegt, bereise so weit und ausgiebig, wie es sich für dich stimmig anfühlt.

Die Felder, die für dich selbst gerade Thema sind, wirst du wahrscheinlich tiefer erforschen wollen. Während andere Felder dich gerade überhaupt nicht reizen. Aber solltest du mit Klienten arbeiten, ist es wichtig, alle Felder zu kennen und auch zu wissen, wo man selbst gerade steht, um die Menschen, die sich dir anvertrauen, gut begleiten zu können.

Am Ende dieses Buches findest du eine Übersicht aller 13 Seelen-Entwicklungsfelder. Für alle gibt es eine Soul-To-Go Ausgabe für dich und deinen einzigartigen Seelen-Weg

Ich wünsche dir eine gute Reise. Öffnen wir nun die Tür zu einem weiteren Seelenentwicklungsfeld: dem SELBST-ACHTSAMKEIT. Dem Anfang von allem., wie jedes Feld.

Viel Freude.

Deine Jennifer Weidmann

EGO VS SEELE

Wenn wir in die Seelenentwicklungsfelder einsteigen, dann setzen wir uns intensiv mit dem Spiel zwischen Ego und Seele auseinander. Letztendlich geht es darum, dass wir von der Seelenebene aus unser Ego bewusst ergreifen, um unser Leben so zu gestalten, dass es im höchstmöglichen Schwingungsfeld agiert.

Am untersten Punkt der Seelenentwicklungsspirale agiert ausschließlich das Ego in seiner niedersten Ausdrucksform. Die Seele ist in den hintersten Winkel des Seins verbant und wird absolut nicht gesehen und wahrgenommen. Nur aus dieser Position heraus können sehr schlimme Dinge von Menschenhand geschehen, wenn die Triebfeder des unbewussten Egos die Kontrolle über das Handeln eines Menschen erlangt hat. Von diesem niedersten Punkt arbeitet man sich stetig nach oben, bis man irgendwann den höchsten Punkt der Seelenspirale erreicht hat.

Hier hat die Seele vollständige Kontrolle über das Ego und drückt sich im höchstmöglichen Schwingungsaspekt aus, der als inkarnierte Seele machbar ist. Hier befinden wir uns an der Grenze zwischen Individualität und dem vollständigen Eintauchen in das absolute Eins-Sein oder All-Sein.

Noch einen Schritt weiter und wir würden unsere Individualität aufgeben und wieder eintauchen in die große Seeleneinheit. Aber eines der Seelenziele ist ja, Individualität zu erfahren in seiner höchsten Ausdrucksform.

So wandern wir die Seelenspirale stetig nach oben. Es gibt keine Zeitangaben. Man kann innerhalb eines Lebens vom Niedrigsten zum Höchsten gelangen. Man kann aber auch Leben für Leben auf irgendeiner Stufe festhängen, weil es gerade schwer ist, den Knoten der Erkenntnis zu lösen. Alles ist möglich. Das Universum (Multiversum) ist äußerst geduldig mit uns Seelen hier auf der Erde.

Auf dem Entwicklungsweg geht es darum, dass die Seele das Ego immer mehr bewusst ergreift und beide zum Wohle der Seelenentwicklung zusammenarbeiten, um dieses Ziel letztendlich auch zu erreichen.

Aber wie du sicherlich schon selbst erkennst, ist die Spannbreite dessen, was an Ausdrucksmöglichkeiten zwischen dem niedersten aller Egoausdrücke bis hin zum höchsten aller Seelenausdrücke vorkommen kann, fast unendlich. Alle Facetten, alle kleinen Feinheiten können von der Ego/Seelen Kombination ausgedrückt werden.

Darum sind Astrologie, Kartenlegen oder andere „Wahrsage"-Methoden nicht so gut aufgrund der Methode, die man anwendet, sondern sie ist immer nur so gut, wie der „Wahrsager", das Channelmedium oder der Astrologe sich in das Schwingungsfeld des Fragenden hineinschwingen kann, um zu erkennen, auf welcher Seelenentwicklungsebene dieser Mensch gerade handelt.

Es macht immer Sinn, sich am Höheren zu orientieren. Der Kranke am Gesunden, der Arme am Reichen. Der Unglückliche am Glücklichen. Von denen, die schon ein Stückchen weiter gegangen sind, kann man sich Inspiration holen und Impulse für den eigenen Lebensweg. Denn letztendlich strebt die Seele danach, sich weiter und weiter als Individuum zu entfalten und zu erfahren, höher und höher schwingend.

ICH ACHTE AUF MEIN WOHLBEFINDEN

JENNIFER WEIDMANN

SEELEN-ENTWICKLUNGSFELD
SELBST-ACHTSAMKEIT

SELBST-ACHTSAMKEIT

SEELEN-ENTWICKLUNGSFELD

Willkommen zur Selbst-Acht-samkeit. Etwas, was höchst-wahrscheinlich die wenigsten von uns in der Kindheit beigebracht bekommen haben. Sicherlich bekommen wir gelehrt, dass wir achtsam sein sollen, bei einer heißen Herdplatte, beim Überqueren einer Straße, beim Planschen im See. Alles, was uns körperlich schaden oder gar töten könnte, darauf sollen wir achten.

Aber wie sieht es aus mit „Schäden" im emotionalen und psychischen Bereich? Wurde uns beigebracht, darauf zu achten? Als Mutter von Asperger Kindern, kann ich ein Lied davon singen, wie „das System" versucht, Kinder „systemkonform" einzuorden. Solange es keinen körperlichen Schaden nimmt, hat man sich anzupassen.

Wenn man Eltern hat, die das System nicht hinterfragen, dann werden du, ich und alle anderen einfach in diese Richtung hin erzogen.

Gleichgültig, ob der Mensch, der dir gegenüber sympathisch oder unsympathisch ist, du hast ihm die „gute" Hand zur Begrüßung zu geben. Gleichgültig, ob ein Lehrer gerecht oder ungerecht ist, er „verdient" Respekt und man hat sich zu benehmen. Es ist nicht wichtig, ob man Tante Erna und Onkel Wilhelm mag, wenn man eingeladen ist, dann geht man auch hin, ob man sich dabei gut fühlt oder nicht, ist nicht relevant.

Ich denke, wenn du anfängst darüber nachzudenken, werden dir selbst hunderte von Beispielen einfallen aus deiner Vergangenheit, wo du Dinge machen musstest, obwohl du gefühlt hast, dass das jetzt nicht gut für dich ist.

Aber jetzt als Erwachsener darfst du es entscheiden. Du darfst auf dein Bauchgefühl hören und du darfst danach handeln.

Selbst-Achtsamkeit bedeutet, dass es in deiner Hand liegt, dass es dir gut geht. Dass es in deiner Hand liegt, ob du deine Träume in Ziele verwandelst und dass du diese Ziele auch erreichst. Du achtest auf dich und dein Wohlbefinden. Du achtest darauf, wie du die kosmischen Gesetze, die Seelengesetze, die Seelengebote usw. in deinem Leben anwendest, ergreifst und auslebst. Nur du kannst entscheiden, ob sich etwas für dich gut und richtig anfühlt oder eher ungut und falsch. Kein anderer kann das für dich fühlen.

WANN GEHT ES MIR GUT?

Das Ende vom Lied, wir fangen an, unsere Selbst-Achtsamkeit zu ignorieren, zu überspielen, vielleicht schönzureden. Wir gehen dadurch ständig über unsere emotionalen Grenzen und merken es vielleicht erst, wenn die große Depression und der Zusammenbruch da sind.

Der Richtmesser für unsere Selbst-Achtsamkeit ist unsere Intuition. Sie kann uns sicher durch den Fluss unseres Lebens leiten. Jetzt kann jeder sich mal melden, der als Kind oder Jugendlicher gelernt hat, mit seiner Intuition zu arbeiten: vielleicht von den Eltern, in der Schule, in der Berufsausbildung. So gut wie keiner wird sich jetzt melden. Wir Menschen dürfen wieder lernen, auf unsere Intuition zu achten.

Wir dürfen unterscheiden lernen zwischen Ego-Angst und gesundem Bauchgefühl, welches dich sicher durch dein Leben leiten kann.

Als Kind durften wir meistens nicht entscheiden, ob etwas gut für uns ist oder eben auch nicht.

Spirit

Body

Mind

Die anderen treffen für dich Entscheidungen aus ihrer Perspektive und ihrem Wahrnehmungsfeld heraus. Es sind IHRE Entscheidungen, in denen ihre Ängste, Unsicherheiten, Sorgen, aber auch Mut und Tatkraft mitschwingen. Doch du bist du. Nur du kannst ausloten, wo deine Grenzen des Machbaren liegen, wie weit du bereit bist, über deine Grenzen hinauszugehen, wie weit du bereit bist zu wachsen und größer zu werden.

Selbst-Achtsamkeit bedeutet mehr und mehr aufzuhören, eine Marionette des Systems zu sein. Damit meine ich: Den Vorgaben der Eltern entsprechen, der Lehrer, der Gesellschaft, der Menschen, mit denen man eine Gemeinschaft bildet usw. Du schneidest die Fäden los, mit denen andere – ob bewusst oder unbewusst- versuchen, dich zu lenken und auf der von ihnen vorgegeben Spur zu halten.

Irgendwann ist die Zeit gekommen auszuscheren. Die Zeit ist gekommen, den eigenen Lebensweg aktiv zu ergreifen, den gewählten Lebensplan aktiv umzusetzen auf die ureigene Art und Weise. Selbst-Achtsamkeit wird dich dahin führen, besser auf dich und deinen körperlichen, emotionalen und psychischen Gesundheitszustand zu achten.

Die Verantwortung für dein Wohlergehen liegt ganz in deinen Händen. Die Entscheidungen über die Schritte deines Lebens liegen ganz in deinen Händen.

Fang an, deine eigenen Grenzen kennen zu lernen, bzw., vielleicht wäre es so besser formuliert- da wir uns entfalten wollen und die Grenzen ausdehnen-: Fange an, deine Kräfte kennen zu lernen. Achte darauf, nicht über dein Kraftreservoir hinauszugehen. Verausgabe dich nicht über die Maßen, so dass du ausgelaugt, erschöpft und schlimmstenfalls krank wirst.

SELBST-ACHTSAMKEIT
EINSTIEG

Was tut dir so richtig gut in deinem Leben?

Was tut dir nicht gut, zehrt dich aus und entkräftet dich?

In welchen Lebensbereichen achtest du noch nicht gut genug auf dein Wohlbefinden?

Wem glaubst du, es recht machen zu müssen, gegen dein eigenes Wohlbefinden?

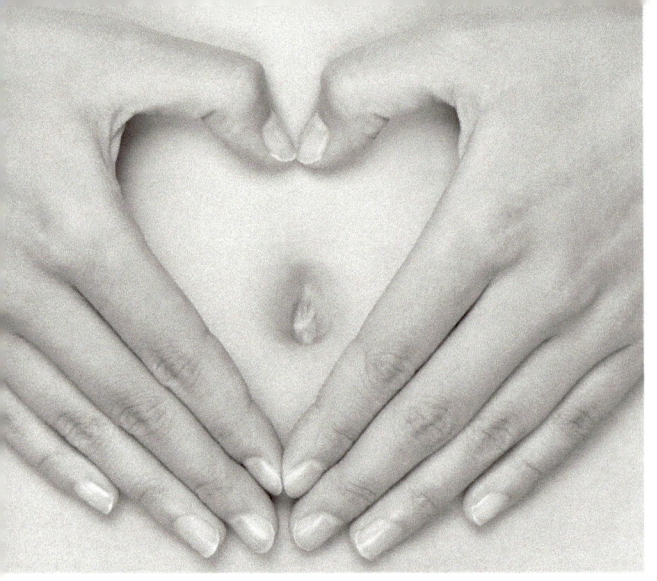

Selbst-Achtsamkeit ist ein wahrer Segen und ich lade dich ein, dieses Entwicklungsfeld nun bewusster zu ergreifen und in dein Leben zu integrieren.

Selbst-Achtsamkeit hat, wie immer, viel mit Selbstbeobachtung zu tun. Wie fühlen wir, wie denken wir, wie sprechen wir und wie handeln wir, wie gehen wir mit den Gefühlen um, die unsere Gedanken, Worte und Taten uns einbringen und wie reagieren wir darauf?

Auf der übernächsten Seite siehst du eine Art Kreislauf, den es bei der Selbst-Achtsamkeit zu verstehen gilt und vor allem bewusst zu ergreifen.

WAS FÜHLE ICH JETZT?

Mit Selbst-Achtsamkeit kannst du all die Antworten auf die vorherigen Fragen herausfinden. Wenn du dich irgendwo in einem System befindest, was dich kaputt macht, krank macht, auslaugt (Beruf, Partnerschaft, Familie, Freundschaften, Hobbies), dann frag dich: Warum tust du dir das selber an? Warum entkräftest du dich selbst? Was hast du davon, dass du dich entkräftest? Dass du dich in solche Situationen begibst?

Selbst-Achtsamkeit ist das Entwicklungsfeld, welches uns immer mehr, wenn wir auf unsere Intuition und unseren Kräftehaushalt achten, auf den wahren Seelenweg führen wird und halten kann. Wenn wir unserer „Berufung" folgen, dann geht es uns gut.

Das heißt nicht, dass der Weg nicht manchmal anstrengend ist, dass man keine Ängste überwinden muss, dass alles leicht und easy ist. Aber es heißt, dass es dir auf einer tiefen innerlichen, seelischen Ebene gut geht.

ES LIEGT AN MIR, DASS ES MIR GUT GEHT

SELBST-ACHTSAMKEIT

Es liegt an dir, wie bewusst du denkst, sprichst, handelst und wie bewusst du fühlst. Ob deine Seele die Kontrolle über die Emotionen erhält oder das Ego oder ob die Emotionen die Kontrolle über dich und deine Handlungen haben. Je höher wir auf der Seelenentwicklungsspirale voranschreiten, desto mehr hat die Seele all diese Aspekte in ihrer bewussten, höherschwingenden Hand.

Wenn es so ist, desto mehr Frieden wird in das Leben eintreten. Desto weniger emotionale Ausbrüche werden uns überschütten und uns gedankenlos handeln lassen. Desto mehr können wir selbstachtsam unsere Seelenaufgaben umsetzen, ruhig und ruhend.

Der Weg lohnt sich. Die Mühe und Arbeit lohnen sich. Vielleicht wird das eine oder andere in diesem Büchlein unbequem für dein Ego. Aber nur wenn wir wahrhaftig uns selbst und unseren Schattenthemen stellen, können wir aussteigen aus dem großen Hamsterrad und endlich eintauchen in den Fluss der Seelenaufgabe und der Berufung.

Selbst-Achtsamkeit liegt in unserer eigenen Hand. Es liegt an uns selbst, wie gut wir uns kümmern um unser Wohlbefinden, um unser energetisches Umfeld, um die Realität, die wir uns über unser Denken, Sprechen und Handeln tagtäglich erschaffen.

Die Zeit ist nun gekommen, ein achtsamer Schöpfer über unsere eigene Lebensrealität zu werden. Viel Freude dabei.

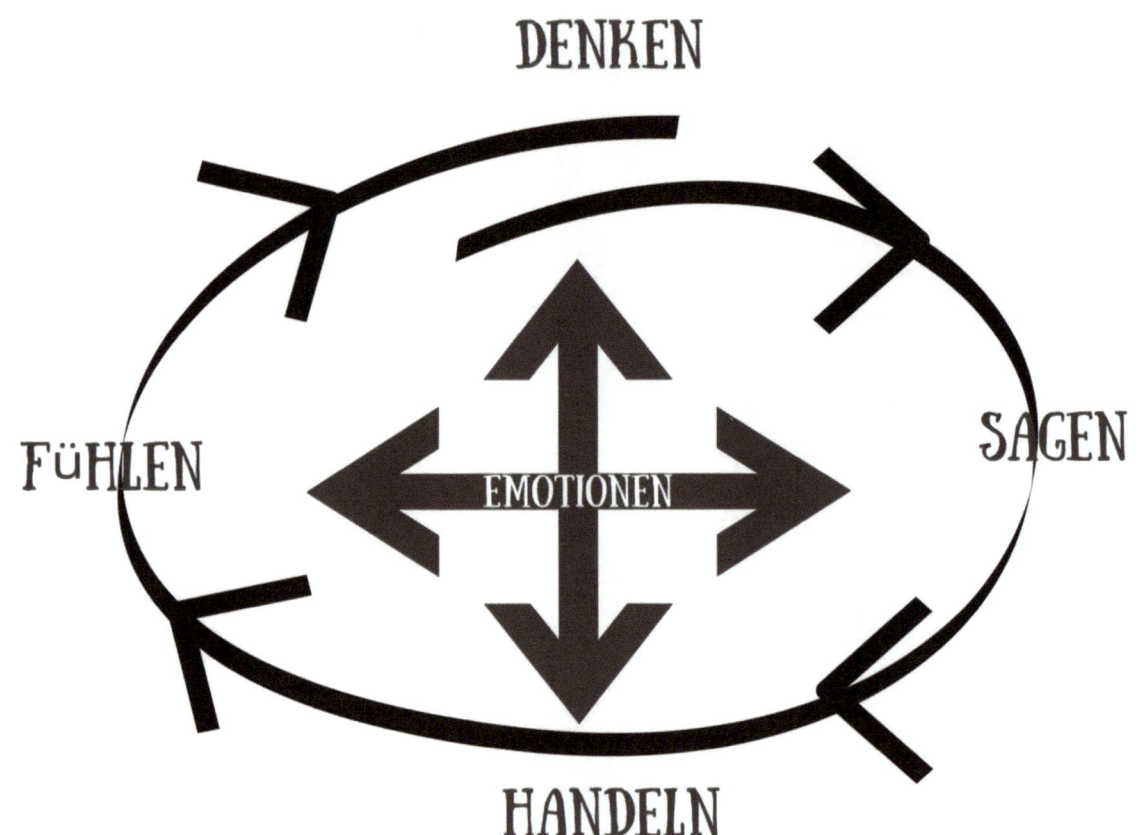

SEELEN EBENE
WIRKT ÜBER EIN
ERWACHTES BEWUSSTSEIN
AUF DIESEN KREISLAUF EIN

DENKEN

FÜHLEN

EMOTIONEN

SAGEN

HANDELN

EGO EBENE
WIRKT ÜBER
UNERLEUCHTETE ANTEILE
AUF DIESEN KREISLAUF EIN

SCHULDZUWEISUNG RECHTFERTIGUNG JAMMERN

Das große destruktive Trio

Der höhere Weg der Selbst-Achtsamkeit beginnt erst dann, wenn wir die äußere Ebene verlassen.

Damit meine ich, wenn wir aufhören, unsere Probleme im Leben und die Lösungen im Außen finden zu wollen. In der Selbst-Achtsamkeit achten wir darauf, was wir denken, sagen, fühlen, wie wir handeln, in welcher Art und Weise wir die Schöpfer unseres Lebens sind. Wir wissen um die kosmischen Gesetze, um die Seelengesetze und die Wirkung, die unser Sein auf das hat, was wir erfahren.

Je weiter wir im Seelenentwicklungsfeld hier voranschreiten, desto klarer wird uns, dass es nur einen Menschen gibt, der rund um die Uhr darauf achten kann, dass es uns gut geht, der auf uns aufpasst, uns beschützt, behütet und dafür sorgt, dass wir auf unserem Seelenweg gut vorankommen: nämlich wir selbst.

Es liegt in unserer Hand. Doch bevor wir in diese höhere Ebene der Selbst-Achtsamkeit ankommen, gehen wir häufig zuerst durch das, wie ich es nenne, „große destruktive Trio".

Hier handelt es sich um Schuldzuweisungen, Rechtfertigungen und Jammern. Um es vorneweg zu sagen: Es ist nicht schlimm, wenn man sich in diesem destruktiven Trio aufhält. Nur leider hat es so wenig positive Auswirkungen auf unser Leben. Auf dem Weg die Selbst-Achtsamkeitsspirale nach oben kann es gut sein, dass man auf einen dieser drei Kumpanen hereinfällt.

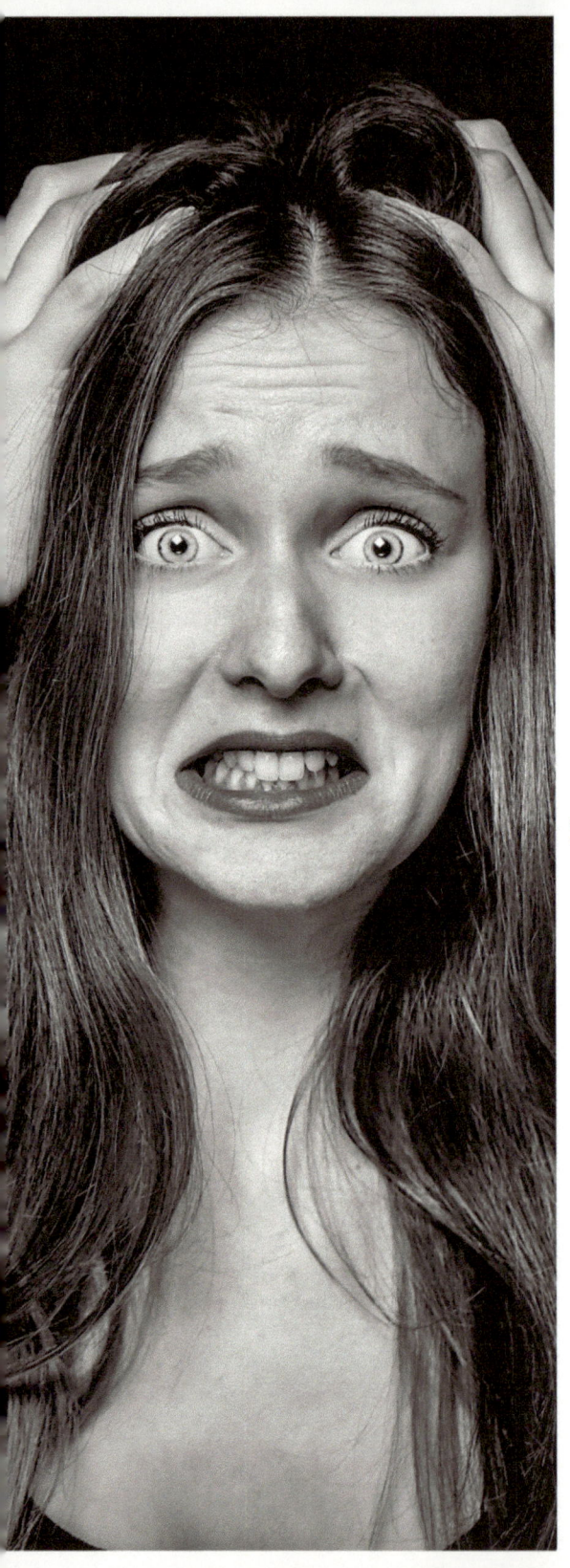

Gerne fallen wir auf sie herein, wenn wir vor unüberwindlich erscheinenden Hürden in unserem Leben zu stehen scheinen. Aber vor einer Mauer stehen und jammern, hat mich noch nie über diese Mauer gebracht. Aber manchmal braucht das Ego diese „drolligen 5 Minuten" des Jammers, bevor die Seele wieder die Zügel in die Hand nimmt und sagt: "So und jetzt widmen wir uns dem Problem konstruktiv".

Ich will dir damit sagen, wenn du dich selbst dabei ertappst, dass du dich gerade mit einem der großen drei Destruktiven abgibst, sei nett zu dir selbst. Auch bei anderen. Es gibt wie immer nichts zu verurteilen und zu richten. Wir alle befinden uns auf dem Weg und wir alle fallen auf dem Weg in Löcher, weil wir sie gerade nicht gesehen haben. Aber jedes Mal wenn du erkennst, dass du gerade in ein Loch gefallen bist, ist es ein Grund zu feiern. Denn die Erkenntnis bringt uns dahin, die "Destruktiven Drei" zu überwinden.

SCHULDZUWEISUNG

Wenn ich dich jetzt frage: "Was glaubst du, woran liegt es, dass du nicht dein volles Potenzial lebst?" Was ist deine erste Antwort? Dein erster Gedanke?

Die Antwort lautet zu fast 100%: "Weil meine Eltern..." ."... mich nicht genug geliebt haben", "... mir es nicht gesagt haben", "...mir es nicht erlaubt haben usw.

Die ersten Schuldigen in unserem Leben für fast all unsere Probleme sind, von Ego-Seite gesehen, unsere Eltern.

Das ist ganz schön hart, oder? Gerade wenn du nicht „nur" Kind bist, sondern vielleicht selbst Mutter oder Vater! Hast du das Gefühl, dass du schuld an all den Problemen bist, die deine Kinder haben mit ihrem Selbstwert, mit dem Ausdruck ihrer Fähigkeiten und Begabungen? Sicherlich nicht, oder?

Beim Komplex "Schuldzuweisungen" stehen die Eltern eigentlich immer an erster Stelle. Dann kommen gerne noch die Lehrer dazu und selbstverständlich der Lebenspartner. Ich hatte mal einen Alkoholiker als Klienten, der nicht abzubringen war, dass es die Schuld der Lebenspartnerin sei, dass er trinken müsse. Als Außenstehende kann man sich manchmal über solche Aussagen wundern, aber jeder von uns, der schon mal in einem tiefen Tal stecken geblieben ist, weiß, wie real sich Schuldzuweisungen anfühlen können. Wie tief sitzend dieser Glaube im System sein kann. Wir lagern die Verantwortung für unser Leben nach außen und die anderen sind schuld, dass wir keine Erfüllung erfahren können.

Mit Schuldzuweisungen kommst du auf deinem Weg nicht weiter. Das ist ganz unabhängig davon, ob deine Kindheit vielleicht wirklich schlecht war oder deine erste oder jetzige Ehe, oder, oder, oder. Jetzt bist du erwachsen. Es besteht keine real existierende Überlebensabhängigkeit den Eltern gegenüber mehr.

Als Erwachsener ist man in der Lage, die Selbst-Achtsamkeit zu ergreifen, um sich von den Schuldgedanken abwenden zu können. Aber, das muss man wollen. Ganz bewusst die Entscheidung treffen, dass man jetzt das eigene Leben in die Hand nimmt.

Bei den Schuldzuweisungen benimmt man sich energetisch wie ein kleines Kind, welches nicht die Verantwortung übernehmen kann. Die Eltern sollen es wiedergutmachen, die Lehrer oder der Partner. Aber diese können es nicht wieder gutmachen. Wenn du Glück hast, werden sie dir vielleicht irgendwann sagen, dass es ihnen Leid tut, was einst passiert ist. Aber sein Leben lang darauf zu warten auf diese Entschuldigung, ist verschwendete Lebenszeit.

RECHTFERTIGUNG

Rechtfertigungen oder auch Ausreden sind super Vorwände, um sein Leben nicht ändern zu müssen. Gleichgültig, was du sagst oder vorschlägst, dein Gegenüber kommt mit einem „Ja, aber…!" warum das jetzt nicht geht oder funktionieren würde. Dieses Spiel ist zermürbend und kann einen als Partner, Freundin oder auch als Therapeut auslaugen, wenn man hier nicht vorsichtig ist.

Rechtfertigungen verhindern effektives Vorankommen. Es sind Ausreden des Egos, nichts ändern zu müssen, dort stehen zu bleiben, wo man gerade steht.

Es ist als Partner, Eltern, Freund oder Therapeut nicht deine Aufgabe eine tolle Übung oder tollen Lösungsvorschlag nach dem anderen zu präsentieren, bis dein Gegenüber vielleicht nicht mehr „Ja, aber" von sich gibt. Lass dich nicht auf dieses Spiel ein.

Wie wir ja wissen, brauchen Veränderungen Mut. Den Mut, sich darauf einzulassen. Mut, seinen alten Lebensweg zu verlassen, um einen neuen zu suchen. Ja, das darf Angst machen. Ja, das darf Verunsicherungen hervorrufen.

Wenn dir Rechtfertigungen begegnen, ob nun in deiner Begegnung mit anderen oder aber ob du selbst dich dabei ertappst, dass du gerade eine Ausrede verwendest: dann heißt es, sei ehrlich mit dir selbst. Du darfst Ausreden benutzen, du darfst deinen Lebensweg rechtfertigen. Warum auch nicht? Manchmal braucht man den Schutz des Egos, um Sicherheit zu fühlen.

Doch je mehr du voranschreitest auf dem Selbst-Achtsamkeitsweg, desto mehr wird es dir ein Bedürfnis sein, die Ausreden und Rechtfertigungen hinter dir zu lassen. Das eigene Handeln und Sein rechtfertigen wir nur, wenn wir uns nicht sicher sind oder wenn wir schon wissen, dass es so, wie unser Leben gerade läuft, irgendwie nicht unseren Vorstellungen entspricht.

Wir müssen es schönreden, um es weiter tragen zu können. Wir müssen Gründe finden, damit wir überhaupt weitermachen.

Aber die Rechtfertigungen und Ausreden werden uns auf dem Weg halten, der uns auszehrt und mürbe macht. In der Regel befinden wir uns dann auf einem Egopflichtweg und nicht auf dem Weg der Berufung und Liebe.

Einer meiner Coachs sagte mal zu einem Ausbildungsteilnehmer, der die Meinung vertrat, Geld sei nicht so wichtig, dieser Satz sei die Ausrede für Menschen, die kein Geld haben. "Das kannst du gerne so denken, aber dann beschwere dich nicht, wenn du kein Geld hast".

So kannst du mit allem verfahren. Wenn Freiheit nicht so wichtig ist, Unabhängigkeit nicht so wichtig ist, Selbst-Liebe, Selbst-Achtsamkeit usw. nicht so wichtig sind, dann ist das so. Aber beschwere dich nicht, wenn du sie nicht hast.

Jedoch, wenn dir deine eigene Lebenszeit wichtig ist, dann kommt irgendwann der Punkt, an dem das Spiel der Rechtfertigungen aufhört zu wirken.

Ich möchte dir ein paar Beispiele geben, was ich damit meine: Ich bin z.B. jemand, der absolut nicht gerne auf Partys geht. Das ist einfach nicht meins. Ich mag kein Small Talk, ich mag nicht viele Menschen auf einem Haufen. Früher brauchte ich immer Ausreden, warum ich nicht zu einer geladen Party gegangen bin. Die Kinder brauchen mich, ich glaube ich werde krank, ich muss mich um meine Oma kümmern usw.

Ich musste vor mir selbst und vor den anderen rechtfertigen, warum ich nicht zur Party gehe. Je mehr du aber in die Selbst-Achtsamkeit kommst, desto weniger brauchst du diese Ausreden.

Ich weiß, mir tun diese Partys nicht gut. Meine Selbst-Achtsamkeit schützt mich davor, etwas zu tun, wonach es mir hinterher oder vielleicht sogar schon währenddessen schlecht gehen würde.

Heute sage ich, dass ich nicht komme. Ohne Ausreden und ohne Rechtfertigungen.

Es geht darum, zu sich selbst mutig zu stehen, gleichgültig, was die anderen von einem denken mögen. Aber ich sage dir jetzt ein Phänomen: Früher als ich noch Ausreden benutzt habe, waren die Menschen schneller böse mit mir, als jetzt, wo ich ehrlich zu mir stehe. Warum? Eigentlich ganz einfach. Wir wissen ja, dass alles energetisch wirkt. Ausreden, Rechtfertigungen sind Lügen, Vermeidungsstrategien und sie geben dem anderen ein „schlechtes" Gefühl, ohne dass sie es benennen können, warum das jetzt so ist.

Selbst-Achtsamkeit ist klar und ehrlich. Das fällt uns allen viel leichter zu akzeptieren.

Vielleicht sind wir trotzdem enttäuscht, weil wir den anderen gerne bei unserer Party dagehabt hätten, aber wir können es akzeptieren.

Auf dem Weg der Selbst-Achtsamkeit hört das Spiel der Rechtfertigungen und der Ausreden irgendwann auf und du kommst mehr und mehr zu dir selbst und deiner Wahrheit. Du kommst mehr zu dem, was dir gut tut, was du brauchst.

Also, wenn du dich selbst bei einer Ausrede oder Rechtfertigung ertappst, dann ist das okay. Aber nutze die Gelegenheit zu hinterfragen: Warum habe ich jetzt eine Ausrede benutzt? Wovor will ich mich schützen? Oder was will ich warum nicht machen? Wie hätte es aussehen können, zu mir selbst zu stehen ohne Ausrede und Rechtfertigung?

Probiere es aus.

Werde immer ehrlicher zu dir selbst und versuche dies auch klar im Außen zu kommunizieren.

JAMMERN

Kommen wir zum dritten Teilnehmer unseres destruktiven Trios: das Jammern. Wenn du aufmerksam Menschen beobachtest und zuhörst, wird dir auffallen, wie viele Menschen über ihr Leben jammern.

Eine Kollegin von mir berichtete mir neulich, wie ihr beim letzten Familientreffen in ihrem Haus der Kragen geplatzt ist. Ihre Oma und Tante saßen am Kaffeetisch und haben sich wohl durchgehend negativ über das Leben geäußert. Meine Kollegin ist aufgestanden, zu den beiden hingegangen und hat ihnen klipp und klar gesagt, dass sie solche Negativität in ihrem Hause nicht haben wolle. Also entweder würden sie jetzt über schöne Dinge in ihrem Leben reden oder den Mund halten.

Daraufhin hätten die beiden den Rest des Nachmittages nichts mehr gesagt, aber die gesamte Stimmung der Feier wäre danach wesentlich freudiger und positiver gewesen.

Ich glaube, dass sehr viele Menschen einfach gar nicht mitbekommen, wie sie über sich, über ihr Leben, ihre Familie usw. reden. Jammern lädt aber leider immer zum Mit-Jammern ein.

Ist dir das schon mal aufgefallen? Wenn du sagst: „Mir geht es gerade nicht so gut, ich fühle mich müde und ausgelaugt!" Dann kannst du Gift darauf nehmen, dass dein Gegenüber – in der Regel- darauf anspringen wird: „Oh ja, das kenne ich. Ich bin in letzter Zeit auch ständige völlig schlapp und erschöpft!" Häufig setzt der Anspringende noch eins oben drauf. Ihm gehe es noch schlechter als dir und dann findet man jemanden, dem es noch schlechter geht und noch schlechter. Das ist nicht mal böse gemeint. Wir Menschen haben das Bedürfnis uns zu verbinden, eine Einheit zu schaffen, also versuchen wir, uns auf einander einzuschwingen. Wenn der „Jammernde" den Takt vorgibt, dann passiert es häufig, dass alle sich darauf einschwingen.

Wenn du da dann sitzt und sagst: „Also mir geht es richtig gut. Ich fühle mich fit und energiegeladen!" Dann sprengst du das Gespräch und katapultierst dich zum Außenseiter dieses Gesprächs. Was soll man jetzt mit dir sprechen, wenn du sprühst und die anderen schlapp und müde sind?

Wenn alle über das mangelnde Geld jammern und du da sitzt und sagst: „Also, ich habe mir gerade eine Yacht gekauft!" Was wird passieren? Die wenigsten werden dich fragen: Wie hast du das geschafft?" Sie hoffen eher, dass du bald gehst, damit sie in ihrem Jammertal weiter wandern können, gerne mit einer fetten Prise "Lästern" über dich und deine Yacht.

Jammern ist eine negative Form der Selbst-Achtsamkeit, die dich in deinem schlechten Zustand belässt. Aber häufig tun wir uns gerne mit Gleichgesinnten zusammen zum Jammern. Da fühlen wir uns wohl, geborgen und verstanden, nur leider kommen wir so nicht aus dem Jammertal heraus.

Wenn du was ändern möchtest, dann musst du dich mit den Menschen zusammentun, die das gleiche Problem hatten, aber es gemeistert haben. Wenn du Hartz IV hast, dann lerne von einem Millionär, der auch einst Hartz IV hatte. Wenn du schwer krank bist, dann finde jemanden, der die Krankheit hatte und sie überwunden hat.

Heute steht uns die Welt an Informationen offen, über das Internet können wir so vielen Menschen wie noch nie begegnen und von ihnen und ihren Lebenswegen lernen und uns inspirieren lassen, wenn wir bereit sind, das Jammertal zu verlassen.

Es geht darum, die Selbst-Achtsamkeit von der negativen Wahrnehmung in die positive Wahrnehmung zu wandeln. Denn wir wollen Aufmerksamkeit. Jeder möchte Aufmerksamkeit. Die Kunst ist jedoch zu erkennen, dass es die Sehnsucht nach der inneren Aufmerksamkeit ist und nicht die Bestätigungssuche im Außen. Du selbst kannst dir alle Aufmerksamkeit geben, die du brauchst. Es bedarf niemandes Bestätigung von außen.

SELBST-VERGEBUNG

Je weiter wir auf der Seelenentwicklungsspirale nach oben wandern, desto intensiver fühlen wir, wie wir der Schöpfer unseres eigenen Lebens sind. Wir fühlen, dass es wahr ist.

Dann passiert häufig etwas nicht so Schönes: Die Schuldzuweisungen, die zuvor nach außen verlagert waren (Unsere Eltern sind schuld, unsere Partner sind schuld, unsere Kinder sind schuld usw.), wandern nun nach innen. Wir geben uns selbst die Schuld.

Wenn wir die Freie Wahl hatten, wie konnten wir dann so eine Kindheit wählen mit solchen Eltern? Wie konnten wir so einen kranken, hässlichen Körper wählen, wie konnten wir so ein Schicksal wählen, so einen Weg. Wie konnten wir nur?

Wir fangen an, uns selbst schuldig zu fühlen für die schlechte Wahl, die wir für unser Leben getroffen haben.

Aber eins kann ich dir hier schon mal vorneweg sagen, auch wenn es dir vielleicht schwer fällt es zu glauben: Du hast niemals schlecht gewählt. Je weiter du gehst, je mehr du erkennst, wirst du verstehen, wie perfekt deine Wahl immer gewesen ist. Wie wunderbar du deine gewählten Aufgaben erfüllt hast. Das alles, so wie es war, richtig war, wichtig war. Keine Erfahrung war umsonst, kein Schritt, den du auf deinem Lebensweg gegangen bist, war umsonst. Es sind deine Schritte, einzigartig und sie gehören zu dir. Nur zu dir.

Wenn wir an den Punkt der Wandlung der Schuldzuweisung von außen nach innen kommen, begegnet uns ein sehr wichtiger Prozess: Wir treten ein in die Vergebung. Je mehr du die Tore zu deiner Seelenweisheit öffnest, desto klarer wird dir, dass du niemandem im außen vergeben kannst.

ALLES WAR SO WICHTIG

Du kannst deinem Vater nicht vergeben für das, was er getan hat oder deiner Mutter, deinen Geschwistern usw. Die äußere Vergebung ist ein Egospiel, welches häufig sehr anstrengend und irgendwie gezwungen ist.

Es gibt nur eine Person, der du wirklich vergeben kannst und das ist ein riesiger Lernschritt, der dich wirklich hochkatapultiert: Du kannst nur dir selbst vergeben.

Du kannst nur dir selbst vergeben für alles, was du gewählt hast, für dieses Leben. Für alles, was du erfahren hast, für alles, was du selbst getan hast. Vergebung bedeutet Frieden finden auf seinem Lebensweg. Vergebung bedeutet, dass deine Wahl immer richtig war, auch wenn die Prüfungen hart waren, das Geschehene wehtat. Während dieses Prozesses darf man viel weinen. All der gesammelte Schmerz darf herausgeweint, herausgeschrien, in die Welt hinaus gegeben werden. Du darfst dir vergeben: Du hast keine Zeit vergeudet oder verschwendet, keine Erfahrung war umsonst oder überflüssig.

Selbst-Vergebung bedeutet, mit sich selbst und seiner Wahl achtsam umzugehen. Auch zu erkennen, dass du jetzt kein Opfer mehr zu sein brauchst. Du entscheidest bewusst deine weiteren Schritte im Leben. Es ist dein Leben, deine Lebenszeit: Vergib dir in allem, was einst war und geschehen ist und wähle nun in Selbst-Achtsamkeit deine nächsten Schritte liebevoll und wertschätzend.

Du bist es wert, ein einzigartiges, wundervolles Leben zu führen. Welche Schritte gilt es nun dafür zu gehen. Welcher Weg möchte hierzu gewählt werden?

In der Vergebung wirst du frei für dein bewusstes Seelenleben. Du darfst leuchten, du hast es verdient, sorgenfrei und leicht zu sein, zu fühlen, zu lieben, zu träumen, zu realisieren und zu erschaffen.

Es gibt keine Schuld mehr abzutragen, wenn du dir selbst vergeben kannst, wenn du den Ausgleich geschaffen hast. Du darfst alles sein.

Wähle aus der Selbst-Achtsamkeit heraus deine nächsten Schritte.

ICH LASSE MEINEN SEELEN-SCHMERZ HIER RAUS

CREATIVE ART PAGE

ANZEICHEN FÜR DAS SEELEN-ENTWICKLUNGSFELD SELBST-ACHTSAMKEIT

Das Feld Selbst-Achtsamkeit sollte man unbedingt mit im Auge haben, wenn man sich entkräftet, ausgelaugt, total erschöpft und ermüdet fühlt. Menschen, die das Gefühl haben, dass das Leben zu anstrengend und dabei auch noch freudlos ist.

Zeitgleich tragen diese Menschen noch ein ganz anderes Phänomen häufig mit sich: nämlich das Auslagern der Gründe, warum es so ist. Hier kommt das zuvor beschriebene Trio: Schuldzuweisung, Rechtfertigungen und Jammern zum Tragen.

Diese Menschen haben fast immer das Gefühl, keine Wahl zu haben. Sie haben keine Wahl, dass ihr Leben sie so erschöpft und auslaugt. Man hat keine Wahl, man muss ja Geld verdienen. Man hat keine Wahl, man muss ja die Kinder versorgen. Man hat keine Wahl, man muss ja gesellschaftliche oder freundschaftliche Verpflichtungen einhalten. Man hat ja keine Wahl, es sind ja schließlich die Eltern, um die man sich kümmern muss.

Dass man immer eine Wahl hat, ist diesen Menschen häufig fast nicht beizubringen. Gleichgültig, was man sagt oder vorschlägt, es kommt ein: „Ja, aber..." und dann eine gute Begründung, warum es genau bei ihnen nicht funktionieren wird.

Vielleicht kennst du es von dir selbst? In die Seelen-Entwicklungsfelder einzutauchen ist nicht immer leicht, wird man doch mit seinen eigenen Ausreden, Ausweichmechanismen und Selbst-Betrügereien konfrontiert. Vergiß nicht: Du bist frei, inwieweit du dich selbst erkennen und erleuchten möchtest.

SELBST-ACHTSAMKEIT

Signale für die Arbeit

Grenzüberschreitung

Rechtfertigungen

Opfererlebnisse

Jammern

Täterverhalten

Das Leben ungerecht finden

Lästern

Schuldzuweisungen

destruktive Gedanken

ständige "Ja, aber..." Erwiderungen

SELBST-ACHTSAMKEIT
EHRLICHE BETRACHTUNG

Was sind deine typischen "Ja, aber..." Einwände?

Du kannst dich nicht verändern oder wandeln, weil....

Was sind deine destruktiven Gedanken?

Wo findet in deinem Leben "Grenzüberschreitung" statt – von dir aus oder/und von anderen aus?

ACHTSAMKEITS-ÜBUNG

"ICH BIN"

Einer der wichtigsten Schöpfungsaspekte lautet: „Ohne „ins Tun zu kommen" passiert nichts".

Es geht immer darum, dass du der aktive Gestalter deines Lebens bist. Immer. Unglaublich viele Menschen da draußen warten darauf, dass jemand anderes für sie tut:

Jemand soll bitte kommen und ihnen sagen, was ihre Berufung ist, was ihr Lebensweg ist, was ihre Aufgabe ist. Früher habe ich den Fehler gemacht und es ihnen gesagt, bzw. meine Meinung, was ich dachte, was für sie richtig ist. Und? Es passierte trotzdem nichts. Die Erkenntnis ist eben nicht von innen heraus gewachsen, also bewegt man sich kein Stück weiter. Sie sitzen quasi ihr Leben ab, immer in der Hoffnung, dass jemand anderes sie bewegt.

Die Million möge bitte vom Himmel fallen oder der Lottogewinn würde auch noch gehen, der Partner fürs Leben möge bitte einem vor die Füße fallen, die Verlage mögen bitte an der Tür klingeln und um das Manuskript bitten usw.

Du kennst das Geheimnis sicherlich schon, aber ich verrate es gerne noch mal: Das wird alles so nicht passieren. Deine Schöpfung ist auch deine Verantwortung sie umzusetzen.

Die Frage ist nicht: Was ist deine Lebensaufgabe, sondern was möchtest DU, dass deine Lebensaufgabe ist. Deine Gesundheit: Wie soll sie aussehen? Dein finanzieller Status: Wie soll er aussehen? Dein Beziehungsstatus: Wie soll er aussehen? Du entscheidest darüber.

Die Macht über die eigene Schöpfung zieht sich wie ein roter Faden durch alle Seelenbereiche hindurch. Es ist quasi die Grundessenz von allem.

SELBST-ACHTSAMKEIT

ICH
ERSCHAFFE
MIR
MEINE
WELT

In der nun folgenden Achtsamkeitsübung geht es darum, ins bewusste Tun zu kommen, um unsere Schöpferkraft zu ergreifen.

Unser System braucht 21 Tage, um sich umzustellen und neu zu regulieren. Darum wird diese Achtsamkeitsübung 21 Tage dauern Ich lade dich ein, versuche tatsächlich dich und dein Leben selbst so wichtig zu nehmen, dass du diese 21 Tage auch durchhältst. Sei dir hier selbst achtsam gegenüber.

Formuliere den für dich jetzt wichtigsten „Ich bin" Satz, den du in deinem Leben erfüllt sehen möchtest: Ich bin gesund, Ich bin finanziell unabhängig, Ich bin bereit für eine wundervolle Partnerschaft, ich bin bereit, meine Berufung zu finden usw.

Alles ist möglich. Wo zieht es dich jetzt am meisten hin?

Nun gilt es, diesen Ich bin Satz dreimal am Tag laut zu sagen, am besten verteilt auf morgens, mittags und abends. Kurz, die Achtsamkeit auf deine derzeitige Schöpfung zu lenken, damit du das Ziel nicht aus den Augen verlierst.

Das ist der erste Teil. Im zweiten Teil geht es darum, dass du dir jeden Abend für 21 Tage 5 Minuten Zeit nimmst und die Arbeitsblätter, welche hier gleich folgen, auszufüllen. 21 Tage jeden Abend ein Blatt ausfüllen. Fünf Minuten pro Tag, um dich auf deine Schöpfung ganz bewusst zu fokussieren und zu schauen, wie du am Tag daran gearbeitet hast, oder auch nicht. Wie achtsam du dir selbst und deiner Schöpfung gegenüber agierst im Laufe eines Tages.

MEIN
ICH BIN
FÜR DEN 21 TAGE
ZYKLUS

21 TAGE SELBST-ACHTSAMKEIT

1

Formuliere deinen jetzt wichtigsten ICH BIN Satz - fokussiere dich 21 Tage lang auf die gleiche Kernsaussage - danach kannst du wechseln

2

Sag dir mindestens 3 mal am Tag laut deinen "ICH BIN " Satz vor

3

Nimm dir 21 Tage lang jeden Abend 5 Minuten Zeit, um den passenden Selbst-Achtsamkeitsbogen auszufüllen

4

Am Ende der 21 Tage lass den Prozess noch mal innerlich Revue passieren und füll den Resumée Zettel aus

5

Wenn du einen oder mehrere Tage auslässt, fang beim Ausfüllen bei dem Tag an, wo du aufgehört hast - so dass du am Ende 21 ausgefüllte Tage hast.

TIPP 1
ACHTE DARAUF, DASS DEIN "ICH BIN" SATZ GENUG ZUGKRAFT HAT, UM DICH 21 TAGE LANG FOKUSSIERT ZU HALTEN

Wie geht es dir mit deinem "Ich bin" Satz?

Worauf freust du dich, wenn dein "Ich bin" Satz sich erfüllt?

Wie würde dein Leben sich wandeln mit deinem "Ich bin" Satz

Fühlst du irgendwelche Ängste bezüglich deines "Ich bin" Satzes?

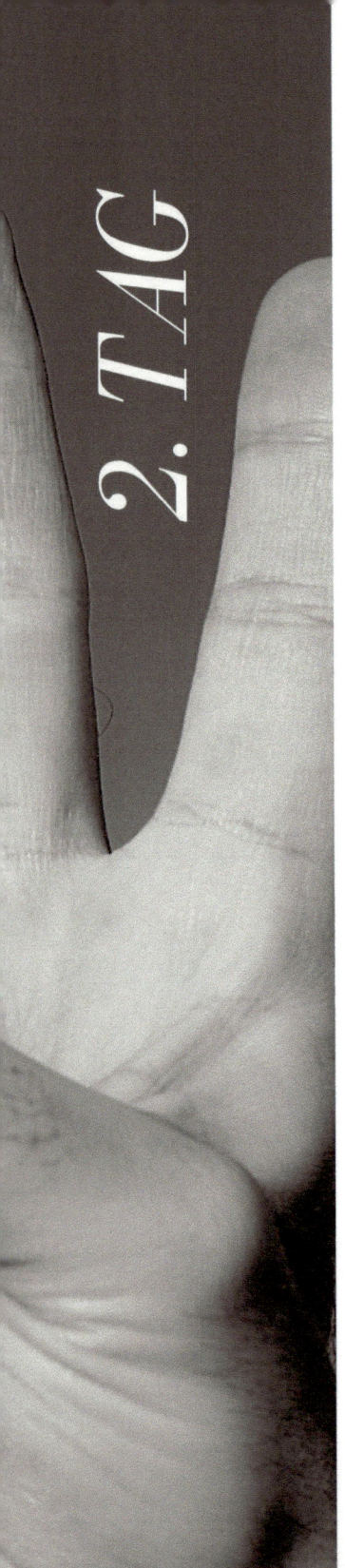

2. TAG

TIPP 2
ES GEHT DARUM, MEHR SELBST-
ACHTSAMKEIT FÜR DICH UND DEINE
VORSTELLUNG VON EINEM SCHÖNEN
LEBEN ZU INSTALLIEREN

Formuliere noch mal dein Warum für diesen "Ich bin" Satz

Was kannst du tun, damit dein "Ich bin" Satz wahr wird?

Welche Zweifel über dich und deine Erfüllung begleiten dich?

Wonach sehnst du dich wirklich? Was brauchst du, um dich gut zu fühlen?

3. TAG

TIPP 3
SCHON AM DRITTEN TAG KOMMT DIE ERSTE HÜRDE, WO MAN ANS AUFGEBEN DENKT UND MEINT ES WÄRE SINNLOS

Wie geht es dir mit "dran bleiben" und "Ziele umsetzen"

Wo hast du schon überall aufgeben?

Gibt es etwas, was du bereust, nicht durchgezogen zu haben? Was ist es?

Was ist deine liebste Ausrede, wenn eine Hürde kommt und du nicht weißt, wie du sie meistern kannst?

TIPP 4
ACHTE DARAUF, WIE DU DICH FÜHLST, WENN DU DEINEN "ICH BIN" SATZ SPRICHTST

Was fühlt sich gut an, wenn du deinen "Ich bin" Satz sagst?

Gibt es etwas, was sich nicht so gut anfühlt? Was ist es?

Wenn du jetzt schon keine Lust mehr hast? Warum ist das so?

Wie gut hast du heute auf dich und dein Wohlbefinden geachtet?

4. TAG

5. TAG

TIPP 5
FANG AN ZU LERNEN, DICH SELBST DEN GANZEN TAG ZU BEOBACHTEN

Wie denkst du über dich und deine Ziele?

Wie sprichst du über dich und deine Ziele?

Wie fühlst du dich dir selbst gegenüber und in Bezug auf deine Ziele?

Was tust du für dich und für die Erfüllung deiner Ziele?

TIPP 6
ES GEHT UM DICH, DEINE LEBENSZEIT UND DASS DU DICH IN DEINER EIGENEN REALITÄT WOHLFÜHLST

Wo und wann kannst du nicht so sein, wie du wirklich bist?

Wann hast du das Gefühl, dich verrenken zu müssen?

Von wem verlangst du, dass er sich ändern soll, damit es DIR besser geht?

Von wem erwartest du, dass er deine Gedanken liest und für dich Hürden meistert?

7. TAG

TIPP 7

**WENN DU JETZT SCHON EINEN TAG
AUSGELASSEN HAST ODER DENKST
AUFZUGEBEN, DANN BIST DU NOCH
NICHT WIRKLICH BEI DEINEM "ICH BIN"
ANGEKOMMEN - KREIERE NEU**

Was lässt dich immer in dein altes ICH BIN zurückfallen?

Was sind jetzt deine Ausreden, keine fünf Minuten Zeit für deine Schöpfung zu haben?

Warum nimmst du dich selbst nicht so wichtig?

Nochmal: Warum möchtest du eine Veränderung in deinem Leben? Finde ein zugkräftiges Warum?

TIPP 8

VERGISS NICHT, DASS DU DIESEN WEG GEHST, UM DICH BESSER ZU FÜHLEN IN DEINEM EIGENEN LEBEN, UM DEINE LEBENSZEIT ZU ERFÜLLEN. DU TUST ES FÜR DICH

Wann vergisst du dich und deine Bedürfnisse?

Was hat dich heute genervt? Warum?

Was hat dich heute erfreut? Warum?

Was hat dich heute erschöpft? Positiv oder negativ!

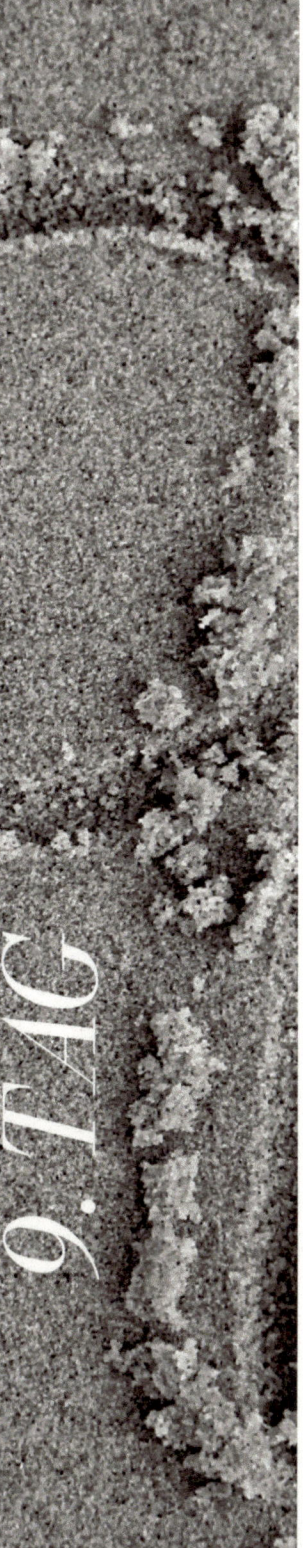

9. TAG

TIPP 9
VERSUCH EINMAL AM TAG DIR EINEN RAUM ZU SCHAFFEN, WO DU DICH SELBST VERWÖHNST UND ES AUCH GENIESSEN KANNST

Für was hat du ein schlechtes Gewissen?

Wie gut kannst du dich um dein eigenes Wohlbefinden kümmern?

Von wem möchtest du mehr Anerkennung oder Aufmerksamkeit? Und warum?

Was sind deine negativen Gedanken über dich selbst?

TIPP 10
**VERSUCH FOKUSSIERT ZU BLEIBEN UND
NICHT HIN UND HER ZU SPRINGEN
ZWISCHEN DEINEN WÜNSCHEN - ES SIND
NUR 21 TAGE!**

Wie sabotierst du dich selbst?

Was kannst du noch tun, um dein neues "ICH BIN" zu verinnerlichen?

Was hindert dich daran, Dinge durchzuziehen, um ein Erfolgserlebniss zu generieren?

Was nervt dich am "Durchhalten"?

11. TAG

TIPP 11

VERSUCH DEINE EIGENEN FEHLER ZU ERKENNEN UND TROTZDEM POSITIV ÜBER DICH SELBST ZU DENKEN

Was sind deine größten Fehler?

Wo handelst du wider besseres Wissen? Wie sieht das aus?

Wo steckst du unter deinen Möglichkeiten fest?

Was sind deine besten Eigenschaften, die du lieben kannst?

12. TAG

TIPP 12

JEDER TAG ENTHÄLT DAS POTENZIAL,
DER BESTE DEINES LEBENS ZU SEIN

Wo hast du das Gefühl von "Hamsterrad" in deinem Leben?

Wie könntest du deine Einstellung dazu wandeln? Oder deinen
Blick darauf ändern?

Wie kannst du Pflichttätigkeiten in freudvolle Ereignisse
wandeln? (Fange an, mit den Möglichkeiten zu spielen)

Wer bist du – jetzt– nach dem heutigen Tag? Wie geht es dir mit
diesem Sein?

13. TAG

TIPP 13

DU BIST NICHT HIER AM LEBEN, UM ZU
LEIDEN ODER STÄNDIG ZU KÄMPFEN –
WENN DU SO FÜHLST, GEH NOCH MEHR
IN DIE VERÄNDERUNG

Gibt es Bereiche, in denen sich dein Leben wie Kampf anfühlt?
Welche sind es?

Warum änderst du das nicht? Welche Hürden stehen davor?

Wie würdest du gerne stattdessen dein Leben oder diesen
Lebensaspekt erfahren?

Was kannst du dafür tun? (Fang an, dich auszuprobieren?

14. TAG

TIPP 14

**WENN DU ANFÄNGST ZU ZWEIFELN -
SCHLIESSE DIE AUGEN - SAG INNERLICH
DEINEN ICH-BIN SATZ.
FOKUSSIERE DABEI DIE ERFÜLLUNG**

Versuch deine Zweifel über die Erfüllung in Worte zu fassen?

Was macht dir an Veränderungen Angst?

Was sind die liebsten Vermeidungssätze deines Inneren
Schweinehundes?

Was willst du wirklich erfahren in deiner kostbaren Lebenszeit?

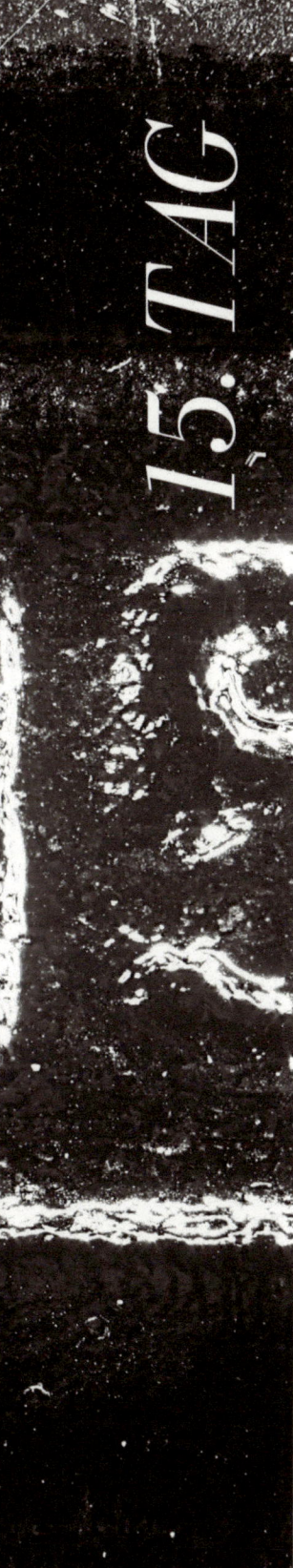

15. TAG

TIPP 15

**VERGISS NICHT: DU KANNST DICH
JEDERZEIT NEU WANDELN, WENN DIR DIE
ERGEBNISSE NICHT GEFALLEN - DU BIST
NICHT GEFANGEN IM STATUS QUO**

Womit in deinem Leben gibst du dich "nur" zufrieden?

In welchen Bereichen hast du vielleilcht schon aufgegeben?
Warum?

Was brauchst du jetzt, um dich gut zu fühlen?

Wonach sehnst du dich?

TIPP 16

**WENN HÜRDEN KOMMEN, ERINNERE DICH
AN DEINEN ICH BIN SATZ, SPRICH,
WARUM DU JETZT DIESEN WEG
GEWÄHLT HAST- FOKUSSIERE DICH UND
DANN FINDE LÖSUNGEN**

Welche Verletzungen dürfen jetzt geheilt werden?

Welche vergangenen Ereignisse dürfen jetzt zurückgelassen werden?

Welche "Hamsterrad-Gedanken" dürfen jetzt losgelassen werden?

Was möchtest du jetzt in deinem Leben willkommen heißen?

16. TAG

TIPP 17

DU MUSST NICHT DIE WELT RETTEN ODER VERÄNDERN - SONDERN NUR DICH UND DEINE WELT - DAS IST JEDERZEIT MÖGLICH

Was hättest du gerne anders in deinem Leben?

Wie wärst du gerne anders in deinem Sein? Warum?

Was ist so richtig toll an dir?

Finde jeden Tag einen Grund, dich selbst für deinen Mut zu feiern! Was ist es heute?

TIPP 18

**ERINNERE DICH IMMER WIEDER DARAN:
ES IST DEIN LEBEN - ES LIEGT AN DIR,
ETWAS DARAUS ZU MACHEN, SO DASS
ES DIR GUT GEHT**

Wie viele "Fehltage" hattest du bis jetzt in deinem Ich-Bin Prozess? Warum?

Wo fällst du gerne in den alten Trott?

Beschreibe deinen "Goldenen Käfig"!

Wie fühlst du dich in diesem Käfig? Wann gut, wann schlecht? Wo darf sich etwas ändern?

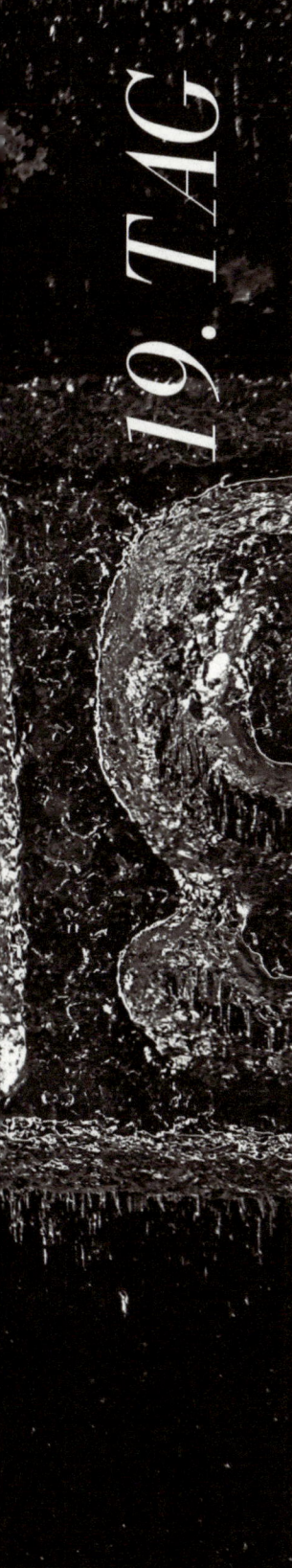

19. TAG

TIPP 19

ACHTE AUF DEINE GEDANKEN, DEINE GEFÜHLE, DEINE WORTE UND DEINE HANDLUGEN - IMMER WIEDER

Wo und von wem fühlst du dich nicht richtig gesehen?

Wo siehst du dich selbst nicht?

Wo hast du das Gefühl, nicht "zu passen"?

Wo fällt es dir schwer, zu dir und deinem Sein zu stehen?

TIPP 20

DEINE SELBST-ACHTSAMKEIT SPIEGELT SICH IN DEM, WIE ACHTSAM DU MIT ANDEREN MENSCHEN UND LEBEWESEN UMGEHST

Wie achtsam gehst du mit der Zeit der anderen um?

Wie achtsam gehst du mit den Gefühlen der anderen um?

Wie achtsam gehst du mit den Meinungen, Wünschen und Träumen der anderen um?

Wie achtsam gehst du mit den Fehlern der anderen um?

TIPP 21

**DER WEG IST DAS ZIEL - JEDER SCHRITT
AUF DEINEM WEG ZÄHLT - JEDES
GEFÜHL - JEDER GEDANKE - UND ALLES
KANNST DU JEDERZEIT WANDELN**

Du hast 21 Tage geschafft! Wie geht es dir nun damit?

Wie möchtest du jetzt weiter schöpfen?

Was darf nun noch verändert, verbessert oder erweitert werden?

Wofür feierst du dich jetzt selbst?

RESUMÉE

**ES IST GUT IMMER WIEDER MAL INNEZU-
HALTEN, ZURÜCKZUSCHAUEN,
BESTANDSAUFNAHME ZU MACHEN, UM
DIE NACHFOLGENDEN SCHRITTE WEISE
ZU WÄHLEN**

Wie waren die letzten 21 Tage für dich?

Wann ging es dir gut – und wann nicht so gut? Warum?

Welches sind nun deine nächsten Schritte, die du gehen
möchtest für dein Ich-bin?

Worauf freust du dich gerade am meisten?

MEINE
BUNTE
INNENWELT

CREATIVE ART PAGE

EMOTIONALER AUSDRUCK DER SEELEN-ENTFALTUNGS-PROZESSE

Im Spannungsfeld
der Emotionen

Nun werden wir uns vier, ich nenne sie mal Hauptemotionen mit ihren Gegensatzpaaren, anschauen. Die da sind: Aggression/Tatkraft, Angst/Mut, Hass/Liebe, Trauer/Freude.

Natürlich gibt es noch tausend weitere emotionale Facetten, aber meines Erachtens sind diese vier Hauptemotionen die stärksten, die bei uns wirken und ausdrücken, wo wir gerade stehen im Entwicklungsprozess.

Es gibt eben nicht nur „die Aggression". Es gibt verschiedene Gründe, warum wir plötzlich Aggressivität in uns fühlen. Genauso verhält es sich mit den anderen oben genannten Emotionen.

Selten, dass man generell mit Hass erfüllt ist. Es kann gut sein, dass du es wirklich liebst, auf der Erde zu sein, du aber Hass fühlst im Bereich Selbst-Liebe. Sämtliche Spielvarianten sind möglich. Je weiter wir in den Seelenentwicklungsfeldern voran-schreiten, desto runder und eindeutiger wird das Gesamtbild. Darum nicht gleich verzweifeln, wenn es jetzt zu Beginn sehr komplex und unübersichtlich erscheint. Je mehr Licht wir hineinbringen, desto besser werden wir das ganze durchschauen können. Letztendlich ist es eine Übung im ständigen Beobachten von sich selbst und den anderen Menschen. Wann reagierst du wie? Und warum reagierst du so? Welche Gedanken und Gefühle stecken dahinter? Was will sich zeigen? Was verlangt nach Aufmerksamkeit?

All die Gefühle, wie Aggression, die Trauer, der Hass, die Angst kommen, um uns zu sagen: „Hey, hier läuft irgendetwas nicht so rund, wie es eigentlich laufen könnte. In deinem Seelenplan ist es schöner, größer, erfüllter geplant. Hallo! Schau doch mal hier hin!"

Das rufen uns die „negativen" Emotionen zu. Sie können nur da sein, weil die Gegenseite, die „lichte und positive" Seite darauf wartet, uns in Empfang zu nehmen. Doch leider sind wir häufig nicht in der Lage, aus einem höheren Bewusstseinslevel unsere Emotionen zu verstehen und zu ergreifen. Die Emotionen kommen und sie durchfluten unseren ganzen Körper, und wenn wir „Pech haben", übernehmen die Emotionen die Kontrolle über unser Denken und Handeln gleich mit. Das, was als Zeichen für Entwicklungschancen ausgesandt wurde, wird nicht ergriffen.

Stattdessen leben wir die „negativen" Emotionen aus und richten häufig damit erstmal „Chaos" an. Wir nehmen die Aggression und zetteln einen Streit vom Feinsten an, wir versinken in der Trauer in Selbstmitleid und in die Opferrolle. Der Hass bringt uns dazu, böse Dinge zu denken, zu sagen und vielleicht sogar zu tun und die Angst engt uns so ein, dass konstruktives Handeln fast nicht mehr möglich ist.

Emotionen haben ein unglaublich starkes Kraftpotenzial. Wenn wir das erkennen und diese Energie nutzen, statt in ihnen zu versinken, dann ist die „lichte" Seite nicht mehr fern. Dann ist es möglich, bewusst und aktiv, die Medaille zu drehen und den Blick auf das Licht fallen zu lassen.

Emotionen helfen dir, dich selbst zu erkennen, dich selbst wahrzunehmen. Sie sind unsere Verbündeten auf dem Seelenentfaltungsweg. Sie können uns sehr präzise Auskunft darüber geben, wo wir uns gerade befinden auf dem Lebensweg. Sie können uns Wegweiser sein für die nächsten Schritte, die gerne gegangen werden möchten.

Emotionen sind immer so gut, wie du bereit bist, etwas aus ihnen zu machen. Ja, du kannst von einer Welle der Aggression überflutet werden, aber keiner zwingt dich dazu, dann auch gleich das Haus kurz und klein zu schlagen.

Man hat immer die Wahl. Wichtig ist nur, dass man sich nicht von seinen Emotionen beherrschen lässt und sie nicht die Kontrolle über uns übernehmen. Dafür waren Emotionen nicht gedacht. Sie sind ein Kompass für die Seele. Aber es obliegt dem Ego/Geist, diesen Kompass vernünftig zu lesen und vor allem bewusst danach zu handeln.

Eine der wichtigsten Aufgaben im Selbst-Bewusstsein: die eigenen Emotionen bewusst zu ergreifen und nicht ihr willenloser Sklave zu werden. Du hast immer die Wahl, was du aus deinen Emotionen machst und das mit viel Liebe, denn es ist eine der größten Künste, die eigenen Emotionen bewusst wahrzunehmen, nicht in ihnen zu versinken, sie nicht destruktiv, sondern konstruktiv zu ergreifen, um ihre dahinter liegende Botschaft zu hören und zu verstehen.

Du hast alle Zeit der Welt dafür. Aber, dein Leben wandelt sich radikal, wenn du Emotionen anerkennst, auch die und vielleicht gerade die „dunklen", als Botschafter und als Aufforderung, dass hier noch was im Ungleichgewicht ist. Sie sind gut. Sie gehören zu uns. Und: sie wollen ins „Lichte" gewandelt werden.

Ich wünsche dir viele gute Erkenntnisse bei diesem, wie ich finde, äußerst spannenden Lernfeld.

AGGRESSION ÜBER DIE EIGENE KRAFTÜBERSCHREITUNG

SELBST-ACHTSAMKEIT

In den nun folgenden Gefühlsabschnitten werden wir häufig über Kraft sprechen. Mit Kraft meine ich in diesem Bezug deinen Energiehaushalt und nicht körperliche Kraft.

Wir alle haben einen unterschiedlichen Energie-haushalt, mit dem wir auch noch unterschiedlich arbeiten.

Um es verständlicher zu machen, hier ein Beispiel von mir: Ich bin der „Auspower" Typ. Ich habe, wie es für manch Außenstehenden scheint, richtig viel Kraft und mein Energiereservoir reicht für ca. 6 Monate volle Power. So arbeite ich dann auch: volle Power, wie so ein Duracell-Hase aus der Werbung. Dann brauche ich komplette Ruhe für mindestens eine Woche, besser zwei Wochen, in denen ich fast durchgehend schlafe.

Dann zwei Wochen, um mich zu sammeln und nur dazusitzen und zu denken.

Dann geht es wieder los: 6 Monate volle Power. Das erscheint vielen äußerst merkwürdig. Es kommen immer schlaue Tipps von außen: Man muss seine Energien besser einteilen und verteilen, damit man nicht den „Zusammenbruch" -eine Woche schlafen- bekommt usw. Also habe ich artig versucht, mich anzupassen, Meinen Energie-level heruntergefahren, auf Spar-flamme arbeiten. Und was passierte dann: Ich wurde aggressiv, weil ich meine PS nicht so auf die Straße bringen konnte, wie es für mich stimmig war.

Ganz ehrlich, mir macht es nichts aus, eine Woche durchzuschlafen, um wieder zu regenerieren. Nur unsere Gesellschaft hat es so vorgegeben, dass man artig wie ein Hamster durchgehend im Rad läuft. Die Pausen einhält, die normtechnisch vorgegeben sind: Samstag, Sonntag, Feier-tag, Urlaub.

WAS BRAUCHST DU WANN UND WIE?

Es gibt Menschen, die brauchen Pausen und Schaffen in einem guten Wechsel. Andere fließen viel mehr mit ihrer Kraft, sanft und bedacht. Andere preschen los.

Wenn man aber nicht nach seinem Krafthaushalt und dem inneren Ausdruckswunsch arbeiten kann, dann kann es passieren, dass man auf Dauer krank wird, unzufrieden und aggressiv. Unsere Gesellschaft lässt nicht viel Spielraum herauszufinden, wie und wann die eigene Kraft eingesetzt werden kann.

Kindergarten, Schule, Ausbildung, Job. Von klein auf werden wir in ein vorgefertigtes System gepresst. Da interessiert es niemanden, dass deine Hoch-Zeit der Kraft vielleicht um 10:00 Uhr morgens liegt oder du ein Nachtarbeiter bist, ob du mehr Pausen brauchst oder wenig Pausen, dafür aber länger. Das System sieht Individualität nicht vor. Aber wir sind nun mal individuell in unserem Ausdruck und dem Kräftehaushalt, mit dem wir unserer Seele Ausdruck verleihen können.

Die Kunst ist nun, sich irgendwie im System zurechtzufinden und so seine Räume zu schaffen, sodass man daran eben nicht kaputt geht. Kein leichtes Spiel. Viele passen ja auch irgendwie hinein, aber einige eben auch nicht.

Also wenn du dich irgendwie latent überfordert oder unterfordert fühlst, ausgepowert, ausgelaugt, kraftlos und daraus resultierend latent oder offen aggressiv agierst, dann ist es ratsam, auf den Kräftehaushalt zu schauen.

Wo verausgabt man sich und für wen? Wo passt man sich vielleicht an eine andere Energie an, die eigentlich nicht zu einem gehört? Das kann z.B. in Partnerschaften passieren, wo man dem Partner zuliebe vielleicht mehr aushäusig ist, als es einem selbst gut tut oder mehr „rumhängt", obwohl man Bäume ausreißen möchte.

Entweder wird man ausgebremst oder fährt mit zu viel PS durchs eigene Leben.

ICH ACHTE AUF MICH UND MEINE KRÄFTE

SELBST-ACHTSAMKEIT

Auf der folgenden Seite habe ich ein Arbeitsblatt für dich vorbereitet, mit dem du herausfinden kannst, was dir wann gut tut zu tun und was wann nicht.

Du wirst feststellen, wenn du dich hier selbst über längere Zeit beobachtest, dass sich die Dinge im Laufe eines Monats, eines Jahres wandeln und verändern.

Je mehr wir das wiedererkennen, desto mehr können wir uns mit dem natürlichen Zyklus unserer Erde, unserer Natur und unserer Lebenszeit verbinden.

Es muss selbstverständlich nicht alles akribisch aufgeschrieben werden. Aber wenn du merkst, dass du z.B. morgens immer viel zu müde für Sport oder körperliche Aktivität bist, dann ist das vielleicht einfach nicht die richtige Zeit für dich dies zu tun.

Des Weiteren ist es wichtig zu schauen, wie du gerne deine Kraft ausdrückst. Wenn du ein Fisch bist, arbeite nicht wie ein Affe. Das macht keinen Sinn. Sei du, nicht jemand anderes und ergreife so auch deinen Tagesablauf.

Wenn du immer morgens um 4:00 Uhr wach wirst, dann hat es was zu bedeuten. Wenn du immer um 22:00 Uhr kaum noch die Augen aufhalten kannst, auch wenn der Tag nicht anstrengend war, dann hat das was zu bedeuten.

Nimm dich und deinen Kraftlevel ernst. Sei selbst-achtsam und du kannst von einem ganz anderen Energielevel aus dein Leben ergreifen und wirst dich damit viel wohler und energiegeladener fühlen.

SELBST-ACHTSAMKEIT

DER WEG IN DIE EIGENE KRAFT

Was erschöpft dich negativ in deinem Leben?

Wo hast du das Gefühl, gegen deinen Kräftehaushalt zu agieren?

Was brauchst du, um entspannen und dich fallen lassen zu können?

Beschreibe, wann deine Stärken am besten zur Geltung kommen können!

TATKRAFT
IN DIE EIGENE
KRAFT KOMMEN

SELBST-ACHTSAMKEIT

In der Selbst-Achtsamkeit geht es nun auch darum zu erkennen, wie wir unser Bewusstsein und unseren Wert in die Welt bringen wollen. Sprich, wie wir uns „kräftemäßig" ausdrücken möchten und auch können.

Vielleicht bewundern wir tatkräftige, anpackende Menschen und stellen jedoch fest, dass das nicht die Qualität ist, die wir selbst leben wollen oder können. Diese Energie würde uns ausbrennen und auszehren. Wenn wir nicht in unserer eigenen Energie leben, dann leben wir häufig den Traum oder das Sein eines anderen bzw. eines anderen zu-liebe.

Wir versuchen so zu sein, weil wir hoffen, so geliebt zu werden. Wir möchten eine geliebte Tochter oder ein geliebter Sohn unserer Eltern sein. Wir möchten der geliebte Mensch unseres Partners sein.

Wir versuchen hier, noch die Liebe und Bestätigung im Außen zu finden und versuchen so zu sein, wie wir denken oder gesagt bekommen, wie unser Gegenüber uns haben möchte. Über kurz oder lang gehen die meisten Menschen an diesem Verhalten kaputt, weil sie nicht selbst-achtsam mit sich umgehen.

Wie ich schon erwähnte: Vielleicht versuchen wir die ganze Zeit ein Affe zu sein, obwohl wir energetisch ein Fisch sind. Das kann nicht auf Dauer funktionieren. Und nicht nur das, es wird auf Dauer zu all den negativen Erschei-nungen kommen, die ich hier im Emotionsabschnitt aufführe. Wir fangen an, uns und unser Leben zu hassen. Es ist zu anstrengend. Unser Leben zehrt uns aus, macht uns müde, kaputt und bringt uns an den Rand des Tragbaren.

Mit Selbst-Achtsamkeit können wir immer mehr erkennen, warum wir hier sind, was unsere Seelenaufgabe ist, was wir erfahren und erleben wollten und warum.
Um in die eigene Kraft zu finden, ist ständige Selbst-Achtsamkeit oder Selbstbeobachtung und das ständige Hinterfragen, wie es einem selbst gerade geht, unerlässlich.

FINDE DEINEN SEELENFLUSS

Wir leben nicht in unserem Seelenstrom, nicht unseren Berufungsweg, sondern versuchen, den Seelenplan eines anderen zu erfüllen. Der es vielleicht selbst, aus welchen Gründen auch immer, gerade nicht schafft, dies zu tun.
Häufig sind es hier die Träume der Eltern oder des Lebenspartners. Doch unsere Seele sendet uns immer Zeichen. Ruft von innen bei uns an, um uns aufmerksam darauf zu machen, dass wir eigentlich etwas anderes aus unserer Lebenszeit machen wollten und ob es nicht gut wäre, hier mal hinzuschauen.
Erst sind die Zeichen leise, doch bei stetiger Weigerung werden sie lauter und lauter: Erschöpfungszustände (Burnout), Krankheiten, die uns zwingen, zur Ruhe zu kommen, Krankheiten eines geliebten Menschen, die uns zwingen, herunterzufahren und leiser zu werden. Es gibt viele Zeichen. Fangen wir an, auf unsere Seele zu hören, dann haben wir die große Möglichkeit, immer mehr in unsere Kraft zu finden.

ANGST
VOR DER TOTALEN
ERSCHÖPFUNG

SELBST-ACHTSAMKEIT

Auf dem Weg die Selbst-Achtsamkeitsspirale nach oben finden wir mehr und mehr zu unserer uns innewohnenden Kraft und Stärke. Doch auf dem Weg dorthin leben wir häufig gegen unser eigenes Kräftepotenzial. Wie ich schon schrieb, wir versuchen dann jemand zu sein, der wir eigentlich nicht sind.

Als Fisch stets und ständig versuchen wie ein Affe einen Baum hochzuklettern, ist äußerst anstrengend und extrem kräftezehrend. Wenn man aus diesem „Hamsterrad" nicht aussteigt, dann baut sich innerlich immer mehr ein Gefühl der Erschöpfung und des Nicht-mehr-Könnens auf. Es kann einen das Gefühl beschleichen, stets und ständig gegen Windmühlen zu kämpfen ohne Aussicht auf Erfolg. Und letzten Endes ist es auch so.

Um bei dem Beispiel zu bleiben: Ein Fisch wird niemals ein Affe werden, gleichgültig was er anstellt. Gleichgültig, wie gut er auch letzten Endes zu klettern vermag. Er wird sich fühlen wie ein Alien. Vielleicht fällt es den anderen Affen gar nicht mehr auf, dass sie einen Fisch unter ihren Reihen haben, weil der Fisch schon so extrem gut angepasst ist und sie werden es gar nicht verstehen können, wenn er ihnen von seinen wahren inneren Gefühlen erzählt. Es läuft doch alles gut? Wo liegt das Problem?

Aber der Fisch fühlt das Problem. Jeden Tag und je enger sich die Schlinge zieht, jede Minute eines Tages. Das Leben wird zur Last. Es zehrt einen aus, es erschöpft einen und die Angst baut sich auf, kurz vor dem Zusammenbrechen zu sein. Eine Angst vor der totalen Erschöpfung.

ERLAUBE DIR, DER ZU SEIN, DER DU WIRKLICH BIST

SELBST-ACHTSAMKEIT

Wenn du ausbrennst, dann hast du über deine Kräfte gearbeitet bzw. gegen deinen ureigenen Kräftehaushalt, dein Kräftepotenzial. Letzten Endes waren wir hier nicht achtsam uns selbst gegenüber. Wir haben ein Spiel gespielt über unsere Kräftegrenzen hinausgehend.

Und der Preis, den wir dafür bezahlen, kann extrem hoch ausfallen: Burnout, Depressionen, eine echte Lebensmüdigkeit und -frustration. Alles erscheint zu mühselig, zu anstrengend. Die Kräfte reichen nicht mal mehr, um sich gut um sich selbst zu kümmern. Die totale Erschöpfung stellt sich ein.

Der Fisch sehnt sich nach Wasser, aber da er so lange als Affe rumgeklettert ist, weiß er häufig zunächst gar nicht, wonach er sich sehnt. Er hat vergessen oder vielleicht noch nie gelernt, wie es ist, im Wasser zu sein, in seinem Element sich zu bewegen. Wie kraftspendend und lebensbejahend es sein kann, wenn man in sein Element der Kräfte kommt. Die Erschöpfung erschwert zudem den Findungsprozess. Es fühlt sich so an, als hätte man eigentlich für nichts mehr die Kraft. Es reicht gerade noch um ein- und auszuatmen.

Eigentlich brauchen diese Menschen erstmal eins: Schlaf, Schlaf, Schlaf. Zeit, wieder die Batterien aufzuladen ohne Druck von außen oder von innen. Erstmal muss nichts „geschaffen" werden. Jetzt gilt es, sich selbst zu finden. Herauszufinden, ob man

ein Fisch, ein Affe, ein Vogel, ein Löwe oder eine Mischung von allem ist.

SELBST-ACHTSAMKEIT

ERSCHÖPFUNG

Was nährt deinen Kräfte-Haushalt?

Welches Umfeld benötigst du, damit es dir gut geht?

Welche Nahrung – auf allen Ebenen– brauchst du, damit du dich wohlfühlst?

Wann handelst du gegen deine Grundbedürfnisse bzw. gegen dein Grund-Sein?

MUT
ZU DEIN EIGENEN
KRÄFTEN ZU STEHEN

SELBST-ACHTSAMKEIT

Auf dem Weg den Seelenentwicklungsfeldern hinauf, geht es darum, immer mehr zu uns selbst zu finden. Wer sind wir? Was wollen wir hier auf der Erde tun und sein? Warum sind wir der, der wir nun mal gerade sind? Immer mehr werden die existenziellen Fragen gestellt, hinterfragt und Antworten darauf gefunden, die sich im Laufe der Zeit durchaus wandeln können.

Je weiter wir gehen und je mehr wir uns erkennen, desto mehr hören wir auf, jemand zu sein, der wir nicht sind, um anderen zu gefallen oder weil wir so gerne dazugehören möchten.

Wir kommen immer mehr zu uns, zu unserem wahren Kern und wollen diesen auch leben und in der Welt Ausdruck verleihen. Die Selbst-Achtsamkeit ist das Entwicklungsfeld, welches uns dabei unterstützt, Antworten darauf zu finden, wer wir sind.

Jeder Mensch ist einzigartig. Wir sind eben nicht nur Fisch oder nur Affe oder Vogel, sondern mal sind wir so, mal sind wir so. Es geht in der Selbst-Achtsamkeit immer darum, im Moment zu sein und zu fühlen und wahrzunehmen, wie es uns jetzt geht und ob wir der sein können, der wir sind. Sind wir im Fluss und entspannt oder angespannt und haben das Gefühl zu kämpfen. Mal geht es leicht, mal geht es schwer.

Selbst-Achtsamkeit fordert uns auf herauszufinden, wer wir sind und zu uns zu stehen, zu unseren Kräften, zu unseren Gaben, ja zu unserem Seins-Ausdruck hier auf Erden.

Im Anschluss an diesen Abschnitt hier findest du ein Arbeitsblatt mit einigen Fragen, die dir helfen können herauszufinden, wo deine Kräfte liegen. Was sich füllt mit Energie und was nicht. Was du brauchst, um dich gut zu fühlen und was du vielleicht besser sein lässt.

Nicht vergessen, wir wandeln uns stetig. Das, was jetzt gut und richtig für dich ist, kann morgen, nächsten Monat, nächstes Jahr oder in ein paar Jahren ganz anders aussehen.

Es geht hier nicht darum, eine in Stein gemeißelte Liste zu erstellen, sondern eher, die Arbeit in der Selbst-Achtsamkeit anzulegen und zur Gewohnheit zu machen, sprich, in jedem Moment gut auf sich zu achten und zu spüren, was man gerade braucht und was nicht. Die Fragen sind nur ein paar von vielen. Du kannst die Liste selbstverständlich für dich und deine Arbeit ergänzen, erweitern oder verkleinern. In der Selbst-Achtsamkeit geht es ja genau darum: herausfinden, was für einen selbst gut und richtig ist. Auch nicht vergessen: was für dich gut und richtig ist, muss für dein Gegenüber noch lange nicht gut und richtig sein. Alles darf sein, alles ist möglich. Bleibe offen für dich selbst und für die anderen.

Ich gehe jetzt hier mit dir die Fragen auf dem Arbeitsblatt einmal durch und erläutere sie näher:

1. FRAGE
WIE KOMMUNIZIERST DU

Bei dieser Frage geht es darum herauszufinden, wie du gerne mit anderen Menschen in Kontakt trittst: Triffst du dich z.B. gerne persönlich, oder sprichst du lieber über das Telefon oder chattest du lieber im Internet. Magst du gerne Treffen in der Gruppe oder lieber 1:1 Gespräche? Lieber mit der Familie oder lieber mit Freunden. Vergiss nicht: Es gibt hier kein richtig oder falsch, gut oder schlecht, nur ein: Was brauchst du und was tut dir gut? Je besser du dich selbst kennst, desto besser kannst du entscheiden, welche Schritte du auf deinem Lebensweg wie und wann gehen möchtest. Das ist wahre Schöpfermacht und Gestaltungskraft.

2. FRAGE
WIE BIST DU GERNE KREATIV?

Unsere Seele drückt sich gerne kreativ aus. Dies ist auf unglaublich vielfältigste Art und Weise möglich. Wie drückst du gerne dein inneres Seelenleben aus? Schreibst du Gedichte oder Geschichten oder Tagebuch, malst du, zeichnest du gerne, musizierst du gerne, singst du gerne?
Bist du lieber alleine kreativ oder in einer Gruppe, ganz frei oder lieber angeleitet. Was tut dir im kreativen Bereich gut? Befreit dich, erfüllt dich, bereichert dich, macht dich groß und weit?

3. FRAGE
WIE HÄLTST DU GERNE INNENSCHAU?

Sitzend, liegend, mit Yoga, Meditation, geführten Traumreisen, drinnen, im Bett, oder draußen und wo draußen, in einer Gruppe, alleine, angeleitet oder selbstständig. Wie und wo kannst du sicher abtauchen und mit dir Selbst kommunizieren und dich selbst erkennen?

4. FRAGE
WIE BIST DU GERNE KÖRPERLICH AKTIV?

Drinnen oder draußen, alleine oder in einer Gruppe, Mannschaftssport oder Einzelsport. Welche Form von Bewegung liebst du?
Laufen, Radfahren, Schwimmen, Fitness, Yoga, Aerobic usw.
Mehr ruhig, sanft, fließend, oder auspowernd, schnell, kräftig?

5. FRAGE
WIE ARBEITEST DU GERNE?

Selbstständig, sicher angestellt, freiberuflich, flexibel oder zu festen Zeiten, alleine oder mit mehreren im Team, im Büro, zu Hause, morgens, mittags, abends?

6. FRAGE
WIE GESTALTEST DU GERNE DEINE FREIZEIT?

Alleine, mit deinen Freunden, mit deinem Partner, mit deiner Familie, deinen Kindern? Spielen, Ausflüge, Theater, Kino, Urlaub? Ruhig oder voller Action,, drinnen, draußen. Was tut dir gut? Was lässt dich abschalten, auftanken, regenerieren?
Was erfüllt dich mit Freude und Glück? Wie sieht für dich ein großartiger Freizeittag aus?

7. FRAGE
WIE UND WO SCHLÄFST DU GERNE?

Drinnen, draußen, alleine oder mit Partner, mit Fernseher, meditierend, oder mit Musik, mit dicker Kuscheldecke oder dünnem Laken, nackt oder angezogen? Was brauchst du für einen tiefen, entspannten Schlaf, in dem du sicher abtauchen kannst in andere Welten?

8. FRAGE
WANN BIST DU GUT
GENÄHRT?

Körperlich: Was brauchst du an Essen, um dich gut zu fühlen, stark und gesund, kräftig und nährend: Fleisch, Obst, Gemüse, warm oder kalt, Salat oder Kaffee, Wasser oder Säfte, Körner, Brot, Müsli, Achtung: Gerade beim Essen wollen einem viele Menschen erzählen, was richtig und was falsch ist. Aber es gibt nur ein richtig: nämlich was dir gut tut. Jedoch was dir gut tut, muss dem anderen noch lange nicht gut tun. Klappe mal die Ohren zu für die Informationen von außen und finde für dich heraus: Was für Nahrung brauchst du, um dich kraftvoll zu fühlen? Probiere dich aus und achte bei jedem Essen darauf, wie es dir danach geht. So findest du nach und nach heraus, was für dich kraftspendend ist und was dich schwer und schlapp macht. Essen darf Spaß bringen, sich gut anfühlen und dich körperlich mit Freude nähren.

Seelisch und geistig: Was liest du gerne oder siehst du lieber Filme, Theater, Opern, Konzerte, Gesellschaftsspiele, Computerspiele, geführte Traumreisen, bestimmte Meditationen oder körperliche Übungen, Gartenarbeit usw. Was nährt dich auf geistiger und seelischer Ebene, was gibt dir Kraft und macht dich weit und groß und was engt dich ein und macht dich klein?

Wie gesagt, dies sind nur ein paar exemplarische Fragen für dein Leben, um anzufangen immer selbst-achtsamer mit sich und dem eigenen Seelenausdruck umzugehen. Nicht vergessen: Sich und seine Seele entdecken darf Spaß und Freude machen, sich ausprobieren darf verrückt sein, spontan, freakig und außergewöhnlich. Mach dein Leben bunt und für dich kräftigend und lebenserfreuend.

SELBST-ACHTSAMKEIT

KOMM IN DEINE KRAFT - TEIL 1

Wie kommunizierst du?

Wie bist du gerne kreativ?

Wie hältst du gerne Innenschau?

Wie bist du gerne körperlich aktiv?

SELBST-ACHTSAMKEIT

KOMM IN DEINE KRAFT - TEIL 2

Wie arbeitest du gerne?

Wie gestaltest du gerne deine Freizeit?

Wie schläfst du gerne?

Was nährt dich - körperlich, seelisch und geistig?

HASS
AUF ALLES, WAS DICH
AUSLAUGT

SELBST-ACHTSAMKEIT

Wenn wir auf einem Kräftelevel agieren, welcher eigentlich nicht zu uns gehört, brennen wir über kurz oder lang aus. Wir sind nicht wir selbst.

Nehmen wir ein paar Beispiele: Als Kind wollte ich immer Klavier spielen, doch meine Musiklehrerin in der Schule, die mein musikalisches Talent entdeckte, verbiss sich in die Idee, wie schön es wäre, wenn ich Cello spielen würde und zufälligerweise gab es auch gerade ein Cello, welches ich von der Schule leihen konnte. Mein Vater sprang auf die Idee sofort an und vermittelte mir, wie schön er es fände, wenn ich Cello spielen würde. Also, das gute Kind, welches ich sein wollte, fing an Cello zu lernen. Und ich habe es gehasst, wie die Pest.

Drei lange Jahr quälte ich mich mit diesem Instrument ab. Das Ergebnis:

1. Ich blieb weit unter meinen musikalischen Fähigkeiten und Talenten,

2. Ich übte gerade dreimal zu Hause 3. Es war herausgeschmissenes Geld für meine Eltern und 4. Ich hasste es daraufhin zu musizieren, ich hasste die Orchesterproben in der Schule, ich hasste es, zum Musikunterricht nachmittags zu fahren und dann hasste ich irgendwann meinen Vater, der ja wollte, dass ich es lerne, und die Lehrerin, die ja wollte, dass ich das Instrument spiele. Die Donnerstage wurden für mich zu Frusttagen, denn da musste ich zum Unterricht.

Dies ist nur ein kleines Beispiel. Als die Luft zu eng wurde, nahm ich mit siebzehn all meinen Mut zusammen und verkündete, dass ich nun aufhören würde zu spielen.

Natürlich waren mein Vater und meine Lehrerin enttäuscht, aber ich wollte mich von einer schweren Last befreien. Wendete mich komplett von der Musik ab und tauchte ganz in den Sport ein, der mir half, all meine Aggressionen abzubauen.

TUST DU ES FÜR DICH?

Aber es geht auch größer: Wie viele Menschen gehen einen beruflichen Weg für ihre Eltern? Heiraten Menschen, die sie nicht wirklich lieben? Gründen Familien, die sie eigentlich nicht wollen? Gehen Wege für jemand anderen.

Wenn man das erkennt, dass man eigentlich den Weg eines anderen gegangen ist -vielleicht wurde man Arzt oder Anwalt, weil Mutter oder Vater es wollten, heiratete in eine gute Familie ein, weil die Eltern das gerne sahen- dann wird der Weg frei, neu wählen zu können, für dich und dein Wohlbefinden.

Ja, wir tun viele Dinge, um unseren Eltern zu gefallen. Erinnere dich: Eigentlich wollen wir alle gute Kinder sein, die sich danach sehnen, von den Eltern geliebt zu werden. Das Ego hat häufig die verquere Ansicht, wenn ich tue, was meine Eltern wollen, dann müssen sie mich doch liebenswert finden. Dieses Spiel führen wir übrigens häufig in unseren Beziehungen weiter: Wenn ich tue, was mein Partner möchte, dann muss er mich einfach lieben.

Wenn ich mich unentbehrlich mache, dann kann er mich nicht verlassen.

Wenn wir dann eines Tages aufwachen und erkennen, dass wir die ganze Zeit einen Weg gegangen sind, der nicht unserer war, der uns ausgezehrt hat, entkräftet und uns doch nicht die gewünschte Liebe und Anerkennung gebracht hat, dann kommt der Frust und dann, wenn wir erkennen, wem zuliebe wir so gehandelt haben, kommt die Schuldzuweisung und dann die Aggression. Wenn das Ego übernimmt, fangen wir ein Schlachtfeld an mit demjenigen, dem wir die Verantwortung für unsere Misere geben. Gerne den Eltern: Die sind Schuld, dass unser Leben versaut ist. Dass wir unsere Lebenszeit vergeudet haben, dass wir unsere Träume verloren haben usw. Und wir hassen, das was wir ihnen zuliebe getan haben. Den beschissenen Job in der herzlosen Anwaltskanzlei, den aalglatten Geldsack, den wir geheiratet haben, ihnen zuliebe usw

SELBST-ACHTSAMKEIT

DIR ZULIEBE

Was hast du getan anderen zuliebe?

Was tust du heute noch anderen zuliebe?

Was erwartest du dafür zu erhalten vom anderen oder vom Universum?

Was hat dich enttäuscht in diesem Leben?

LIEBE ZUR EIGENEN KRAFT

SELBST-ACHTSAMKEIT

Der Wandel des Hasses auf das Außen kann zur Liebe zur eigenen inneren Kraft führen. Wenn wir uns die Zeit nehmen herauszufinden, wo unsere Stärken liegen und mit welcher Art und Weise von Kraft wir unsere Lebenszeit ergreifen wollen, dann kann das Leben und unsere Lebenszeit plötzlich richtig schön werden.

Weil wir Dinge tun, die wir gerne tun, auf die Art und Weise, wie es uns liegt. Weil wir Menschen treffen und uns mit Menschen umgeben, die uns gut tun, die uns erfreuen, uns weit machen und inspirieren. Weil wir da arbeiten, wo wir auch wirklich sein wollen, in einem Umfeld, in dem wir sein wollen.

.

Die Selbst-Achtsamkeit kann uns dahin führen, immer mehr, immer ein Stückchen weiter. Bis wir das Gefühl haben, immer mehr anzukommen in uns selbst, in unserer Seelenweisheit, in unserem Potenzial Alle sprechen immer von Potenzial und dessen Entfaltung. Aber das ist schwierig, wenn davor noch ein riesiger Turm aus Emotionen und Egospielchen steht. Darum gibt es auch keine Abkürzungen im Leben, weil wir den Ballast immer mit uns mitschleppen. Wenn wir den Turm nicht abbauen, hängt er uns wie ein Klotz am Bein und macht das Leben schwer.

Wenn wir den Turm aber abtragen, uns aus den Steinen unser Lebensobjekt bauen, was immer das sein mag, dann wird es großartig. Dann fühlen wir uns gut.

Das, was du für andere getan oder gemacht hast, ist nie vergeudet. Keine Erfahrung machen wir umsonst. Das bist du, das ist dein Leben.

ICH MACHE DAS BESTE AUS MEINEM LEBEN

SELBST-ACHTSAMKEIT

Erfahrungen prägen uns, sie gehören zu unserem großen Lebenspuzzle dazu und wie wunderbar ist es, wenn wir jetzt noch unsere ureigenen Kraftfarben dazugeben, um endlich das Bild zu gestalten, für welches wir einst hier unseren Lebensweg angetreten sind.

Hier zu beginnen ist jederzeit möglich. Selbst-Achtsamkeit ist jederzeit möglich. Jetzt in dieser Sekunde. Was möchtest du gleich machen? Wonach ist dir? Wohin zieht es dich zu tun? Was möchtest du erleben? Was brauchst du, um dich reich zu fühlen, vollständig zu fühlen, kraftvoll zu fühlen?

Du darfst das nämlich alles sein ohne schlechtes Gewissen. Du darfst dein Leben so leben, wie es in dir gelebt werden möchte.

Wovon träumst du? Erlaube dir, mit Selbst-Achtsamkeit nach den Sternen zu greifen und erlaube es auch deinen Klienten, deinen Eltern, deinem Partner, vor allem deinen Kindern und den Menschen, die du liebst und auch denen, die du nicht liebst und die dir auf den Keks gehen.

Wir alle haben es verdient, das großartige kraftvolle Leben glücklich und erfüllend zu erfahren. Wir müssen dafür nicht immer einer Meinung sein.

Und wenn nicht jetzt, wann dann?

MEINE
WUNDERVOLLE
KRAFT

CREATIVE ART PAGE

TRAURIGKEIT ÜBER DAS MARIONETTEN-DASEIN

SELBST-ACHTSAMKEIT

Neben der Aggression auf die anderen und die Dinge, die nicht unsere sind, kommt im Selbst-Achtsamkeitsfeld gerne die Traurigkeit über das eigene Marionettendasein hinzu.

Man hat das Gefühl, wie an Fäden zu hängen und von außen, von jemand anderem, gelenkt zu werden.

Schöpferkraft oder die Macht über das eigene Leben sind Fremdwörter. Man fühlt es nicht. Wenn man lange Zeit das Spiel des anderen gespielt hat, den Lebensweg eines anderen gegangen ist, kann es unter Umständen sein, dass man gar nicht mehr weiß, was einem eigentlich gut tut, was man gerne mag. Vielleicht geht es sogar so weit, dass man gar nicht mehr weiß, wer man eigentlich ist.

Wo sind die eigenen Träume? Ziele? Wünsche? Hoffnungen? Was macht einem Freude?

Vor vielen Jahren steckte ich auch in so einer Beziehung fest. Ich habe mich für meinen Partner verrenkt und verbogen und am Ende musste ich fast wie von vorne anfangen. Ich wusste nicht einmal, was für Möbelstücke mir für meine eigene Wohnung gefallen könnten oder was ich am liebsten essen würde. Ich war ganz auf meinen ehemaligen Partner eingestellt und habe das gut gefunden, was er gut gefunden hatte. Davor war ich auf meine Eltern eingestellt. Ich habe die Sachen getragen, die meiner Mutter gefallen haben, die Bücher gelesen, die meinem Vater gefallen haben usw.

Es war ein harter Weg, zu mir zu kommen. So viel Selbst-Achtsamkeit zu entwickeln, mich endlich wahrzunehmen, ernst zu nehmen und an mich und meine Gefühle zu glauben und ihnen zu vertrauen.

ICH FOLGE MEINER INNEREN STIMME

SELBST-ACHTSAMKEIT

Hier gilt es, Geduld zu haben. Die Fäden, die an uns von anderen hängen, achtsam und sorgsam zu lösen und dabei sich auszuprobieren. Es muss nicht gleich alles der Knaller sein. Man schaut hier, probiert das, testet jenes und nach und nach ergibt sich ein immer volleres Bild von dem, was einem gut tut, was einen erfüllt und Freude macht. Wichtig ist, sich selbst die Erlaubnis zu geben, das Leben auszuprobieren. Es müssen nicht alle toll finden, was man jetzt macht.

Selbst-Achtsamkeit lädt uns dazu ein, zu hinterfragen: Ist es das, was ich machen möchte? Ist es das, wie mein Leben aussehen soll? Ist es das, was ich erfahren möchte? Und zwar bei ALLEM. Bei wirklich allem in deinem Leben. ABER: Es muss nicht alles zeitgleich passieren. Vielleicht beschäftigt man sich ein Jahr lang nur damit, was man essen möchte, bis man klar sieht, und dann taucht man ein in die Freizeitgestaltung. Berufung ist häufig eine sehr lange Findungsgeschichte mit viel Lernen, ausprobieren, zurücklassen, Loslassen, Neu-Ergreifen. Die wenigsten wissen von Anfang an, wo ihre Berufung, ihre Seelenerfüllung liegt. Diese kann und darf sich auch im Laufe des Lebens wandeln.

Selbst-Achtsamkeit lädt uns ein, das Marionettendasein hinter uns zu lassen, die Traurigkeit über die gelebte Machtlosigkeit zurückzulassen und zu überwinden, um in unsere Schöpferkraft eintauchen zu können. Selbst-Achtsamkeit lässt uns erkennen, was uns gut tut und was eher weniger.

SELBST-ACHTSAMKEIT

BEFREIUNG AUS DEM
MARIONETTEN DASEIN

Dein Lieblingsfilm oder Buch? Warum?

Wie liebst du es, dich einzurichten, zu wohnen, zu leben?

Was machst du am allerliebsten an einem freien Tag?

Wenn du ganz frei bestimmen könntest: Wie sähe dein perfektes Leben aus?

SELBST-ACHTS

Wenn wir die Fäden lösen und unser Marionettendasein hinter uns lassen, können wir eigentlich erst ernsthaft anfangen, uns selbst zu erkennen und wahrzunehmen.

Wenn wir „frei" sind, sprich, nicht mehr den Weg eines anderen gehen, sind wir erst in der Lage, unsere unendlichen Möglichkeiten zu sehen. Erst dann kommen wir auch in die Lage, die Stimme unserer Seele immer klarer, reiner und verständlicher zu vernehmen.

Wir sind dann nicht mehr „voreingenommen". Es hat uns niemand mehr eingenommen mit seinen Gedanken, Meinungen, Wünschen und Träumen. Wir sind „frei" zu schauen, was wir denken wollen, was wir glauben wollen, was wir träumen wollen und welche Ziele wir in diesem Leben noch erreichen wollen. Und zwar weil wir es wollen und niemand anderes.

Es ist plötzlich vieles möglich.

Wenn du deine „Freiheit" nimmst, tust du zeitgleich auch deinen Kindern etwas Gutes, denn sie müssen keinen Traum für dich leben, den du dir selbst verweigert hast. Mit deiner Freiheit schenkst du der kommenden Generation auch Freiheit.

Entdecke deine Möglichkeiten. Sei selbst-achtsam und finde heraus, wer du bist, was du brauchst, um im Leben glücklich zu sein. Sei achtsam mit dir selbst und anderen. Probiere dich aus, sei mutig, sei offen, sei ehrlich.

Lebe dein Leben, denn es ist wertvoll und kostbar.

Ich wünsche dir von Herzen ein großartiges Leben mit erfüllenden Momenten und segensreichen Begegnungen.

Alles Liebe und danke, dass du diesen Weg mit mir gegangen bist. Vielleicht begegnen wir uns in einem anderen "Soul-To-Go" Buch wieder.

Deine Jennifer Weidmann

MEINE
SELBST
ACHTSAMKEIT

SEELEN SPRAY

Selbst-Achtsamkeit

BASIS REIHE

Ich weiß am besten,
was ich brauche, damit
es mir gut geht

KOMMUNIKATION
SELBST-ACHTSAMKEIT

ÜBERSICHT

Die Einladung, mit sich selbst achtsam umzugehen. Darauf zu achten, was man über sich selbst denkt, wie man über sich selbst spricht und wie man sich selbst behandelt. Aufbrechen überholter Muster

ALLGEMEIN

Farbe
hell gelb

Duft
zitrus-vanille
Tangarienenöl, Vanille u.a.

STICHWÖRTER

- sich selbst gegenüber achtsam sein
- wissen, wer man ist und was man braucht
- sich verbinden
- diplomatisch seine Meinung vertreten können

ANZEICHEN

- Angst das zu sagen, was man denkt
- Schüchternheit
- über die eigenen Grenzen gehen
- sich nicht verstanden fühlen
- das Gefühl, keine Freunde zu haben

HINWEIS

Das Spray lädt dich ein, dich mit der Umgebung und den Menschen zu verbinden, wo du dich wohlfühlst, wo es dir gut geht, wo du erblühen kannst und deine Potenziale sich zeigen dürfen.

ANWENDUNG

- um die eigenen Bedürfnisse wahrzunehmen
- um alte Programmierungen zu erkennen
- um zu sich selbst zu finden
- um sich zu trauen, für sich selbst zu sprechen
- um die eigene Meinung zu äußern

SEELENFRAGEN

- Wo bin ich mir selbst gegenüber unachtsam?
- Was sind meine schlechten Gedanken über mich selbst?
- Wo handle ich gegen meine Bedürfnisse?
- Welche Programmierungen aus meiner Kindheit lebe ich?

AFFIRMATIONEN

Ich bin mir selbst gegenüber achtsam

Ich bin der Künstler meines Lebens

Selbst-Achtsamkeit

Ich erlaube mir ein wundervolles Leben

Diese Hürden darf ich jetzt meistern

Dahin möchte ich mich wandeln

Meine Notizen zum Spray

STARTER KURS · ONLINE

SOUL JOURNALING

FFNE EINE VÖLLIG NEUE WELT
ER SEELEN-ENTFALTUNG –
EIT IN DEINE WAHRE
CHÖPFERKRAFT ZU GEHEN –
ÜR DICH UND EIN ERFÜLLENDES
EBEN

ehr erfahren auf www.urvertrauen-akademie.de
eine Welt der Seelen-Entfaltung

SEELEN SPRAYS

Düfte für deine Seelen-Entfaltung

Ätherische Duft-Kompositionen für

Deine Seele

www.urvertrauen.de
by Jennifer Weidmann

SCHAU VORBEI - FÜR EIN GROSSARTIGES LEBEN

URVERTRAUEN-AKADEMIE

Das Tor für deine Seelen-Entfaltung

online Kurse für

 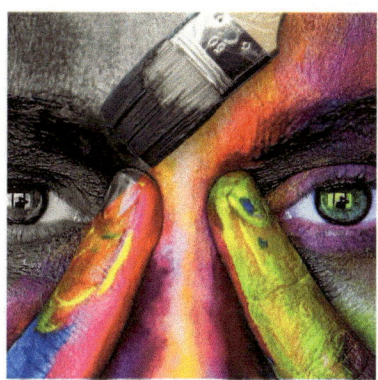 

Deine Seele

www.urvertrauen-akademie.de
by Jennifer & Oliver Weidmann

SCHAU VORBEI - FÜR EIN GROSSARTIGES LEBEN